우리가 만나던 그곳, 종로서적

CHONGNO BOOK CENTER:
Where We Used to Hang Out

종로서적은
거리의 도서관,
누구나 마음대로
들어와 보십시오.

종로서적은
책의 백화점,
무슨 책이든
언제나 보여드립니다.

서울역사박물관 | 공평도시유적전시관

Exhibition Opening

As the biggest bookstore in the downtown Jongno of Seoul, Chongno Book Center was for decades the nation's most beloved spot for readers and one of the most popular meeting places for city residents. Today, this landmark remains a nostalgic memory in the minds of many in Seoul. Especially in the evening, its entrance was always crowded with people looking for others with excitement or waiting for their names to be heard.

Climbing the store's stairs, worn down by the countless footsteps of visitors, bring back fond memories: the third floor for buying textbooks for new semesters with friends; the fourth for selecting gifts such as books, stationery, or Christmas cards at year's end; and the sixth for purchasing poetry books as gifts for lovers. This place was thus far more than just a bookstore for us.

Last year, we invited the public to share materials and stories of the old Chongno Book Center to study the store's significance as a meeting place for residents and the nation's first modern bookseller. The research was done in the context of the domestic history of bookstores as well as the gathering of collective memories of the place.

Including former employees, people sent a range of objects and stories containing their fond memories of the store. I would like to take this opportunity to express my deep gratitude to all of them and sincerely hope that this exhibition stimulates diverse and strong reminiscence about the old Chongno Book Center.

Kim Yong-Seok,
Director, Seoul Museum of History

전시를 열며

오래도록 종로에서 가장 큰 서점이던 종로서적은 독서인들이 가장 사랑했던 공간이자 여러 세대에 걸쳐 서울 시민들의 대표적인 약속 장소였습니다. 이제는 시민들의 아련한 추억과 기억 속에 남아있습니다. 그 입구는 저녁이면 사람들로 특히 북적였고, 그곳은 설레는 마음으로 그 누구를 찾고, 또 나의 이름이 들려오길 기다리던 곳이었습니다.

그리고 많은 사람들이 오르내려서 살짝 패인 계단으로 걸어 올라가다 보면, 3층에서는 새 학기에 친구와 함께 교재를 사던 기억이, 4층에서는 연말에 선물용 책이나 문구, 크리스마스카드를 고르던 추억이, 6층에서는 연인에게 선물할 시집을 사던 설렘이 담긴 서점이었습니다. 아니, 한때 우리에게 서점, 그 이상의 무엇이었습니다.

우리 박물관에서는 지난해 서울 시민들의 만남의 장소이자 최초의 현대식 서점이었던 '종로서적'에 대한 서점사적 의의를 연구하고, 시민들의 '집단 기억'을 모으고자 옛 종로서적과 관련된 자료와 사연을 공모하였습니다.

옛 종로서적에 종사하셨던 분들을 포함하여 여러 시민들이 그들의 기억과 추억이 담긴 물건과 사연을 보내주셨습니다. 이 자리를 빌려 깊은 감사의 마음을 전하며, 부디 오늘이 여러분의 '종로서적'을 추억하는 자리가 되길 바랍니다.

서울역사박물관장 김 용 석

전시를 만든 사람들

전시총괄
김용석 기봉호

전시기획
이승헌 류위남

전시진행
김성룡 이정민 인지민

전시 자료조사
권효주 심예성 이재신

전시보조
이재신 권재현 정지원
박수연 여인영 김다솜
주병건 김희영 정혜수

조사연구
천정환 박숙자 정종현 장문석 이용희
(2022년 공평도시유적전시관 〈종로서적〉 조사연구)

조사연구 진행
황해진

전시도록
류위남 이재신 권재현 정지원

도록논고
천정환

유물출납
정지인 송철호 김재경
나신균 음자현 김아람
이혜지 홍유진 장소영
박태규 강다솜

사진촬영
최인호 최찬식 신성민

보존처리
임주희 이현진 이누리

보존환경
신장하 정지윤

행정지원
박경희 정주영 이영섭
오세진 이채원

번역
서울셀렉션

전시 공사 · 그래픽 · 홍보물
지키다 수 에픽

도록
가을기획

전시영상
탱고마이크

유물운송
한솔BBK

도움을 주신 곳

유물대여기관
대한출판문화협회
서강대학교 로욜라도서관
한국출판문화진흥재단

자료제공
국가기록원
국립중앙도서관
기독교방송국
대한기독교서회
대한성서공회
민주화운동기념사업회
서울기록원
성공회대 민주자료관
유네스코 한국위원회
한국기독교사회문제연구원

종로서적의 기억을 함께 나누어주신 분들 (가나다순)

강성호 이동현
김민우 이두영
김상녕 이선우
김소진 이숙경
김연경 이영주
김연정 이용훈
김옥숙 이인순
김은정 이정희
김중열 이진혁
나종호 이진현
남미순 이철지
문옥영 장덕연
박명주 장문희
박민아 전세영
박상준 정하동
박현욱 조명자
배효선 조유성
성미희 최석준
손재완 최숙정
송자용 최영근
신영옥 최종현
안경환 최지원
은희경 허창선

일러두기

1. 이 도록은 공평도시유적전시관 기획전시 **'우리가 만나던 그곳, 종로서적'**('23. 7. 21. ~ '24. 3. 17.)의 전시도록이다.
2. 이 책에 수록된 유물은 유물 명칭, 작가, 시대, 크기, 소장처, 기증자 순으로 명시하였으며, 서울역사박물관 소장 유물은 소장처를 생략하였다.
3. 유물 크기는 세로×가로×높이 순이며, 단위는 cm, 이미지 자료는 크기를 명시하지 않았다.
4. 책은 『 』, 신문과 잡지는 《 》로 표기하였다.
5. 이 도록에 수록된 유물 사진의 저작권은 각 소장처에 있으며, 이용 시 해당 소장처의 사전허가를 받아야 한다.

목차 CONTENTS

종로서적
가
개인

종로서적
종로서적
종로서적
전시를 열며
오래도록 종로에서 가장 큰 서점이던 종로서적은 독서인들이 가장 사랑했던 공간이자 여러 세대에 걸쳐 서울 시민들의 대표적인 약속 장소였습니다. 이제는 시민들의 아련한 추억과 기억 속에 남아있습니다. 그 입구는 저녁이면 사람들로 특히 북적였고, 그곳은 설레는 마음으로 그 누구를 찾고, 또 나의 이름이 들려오길 기다리던 곳이었습니다.
그리고 많은 사람들이 오르내려서 살짝 패인 계단으로 걸어 올라가다 보면, 3층에서는 새 학기에 친구와 함께 교재를 사던 기억이, 4층에서는 연말에 선물용 책이나 문구, 크리스마스카드를 고르던 추억이, 6층에서는 연인에게 선물할 시집을 사던 설렘이 담긴 서점이었습니다. 아니, 한때 우리에게 서점, 그 이상의 무엇이었습니다.
우리 박물관에서는 지난해 서울 시민들의 만남의 장소이자 최초의 현대식 서점이었던 '종로서적'에 대한 서점사적 의의를 연구하고, 시민들의 '집단기억'을 모으고자 옛 종로서적과 관련된 자료와 사연을 공모하였습니다.
옛 종로서적에 종사하셨던 분들을 포함하여 여러 시민들이 그들의 기억과 추억이 담긴 물건과 사연을 보내주셨습니다.
이 자리를 빌려 깊은 감사의 마음을 전하며, 부디 오늘이 여러분의 '종로서적'을 추억하는 자리가 되길 바랍니다.
서울역사박물관장 김 용 석
Exhibition Opening
As the biggest bookstore in the downtown Jongno of Seoul, Chongno Book Center was for decades the nation's most beloved spot for readers and one of the most popular meeting places for city residents. Today, this landmark remains a nostalgic memory in the minds of many in Seoul. Especially in the evening, its entrance was always crowded with people looking for others with excitement or waiting for their names to be heard.
Including former employees, people sent a range of objects and stories containing their fond memories of the store. I would like to take this opportunity to express my deep gratitude to all of them and sincerely hope that this exhibition stimulates diverse and strong reminiscence about the old Chongno Book Center.
Kim Yong-Seok,
Director, Seoul Museum of History
우리가 만나던 그곳, 종로서적
CHONGNO BOOK CENTER: Where We Used to Hang Out
2023. 7. 21. – 2024. 3. 17.

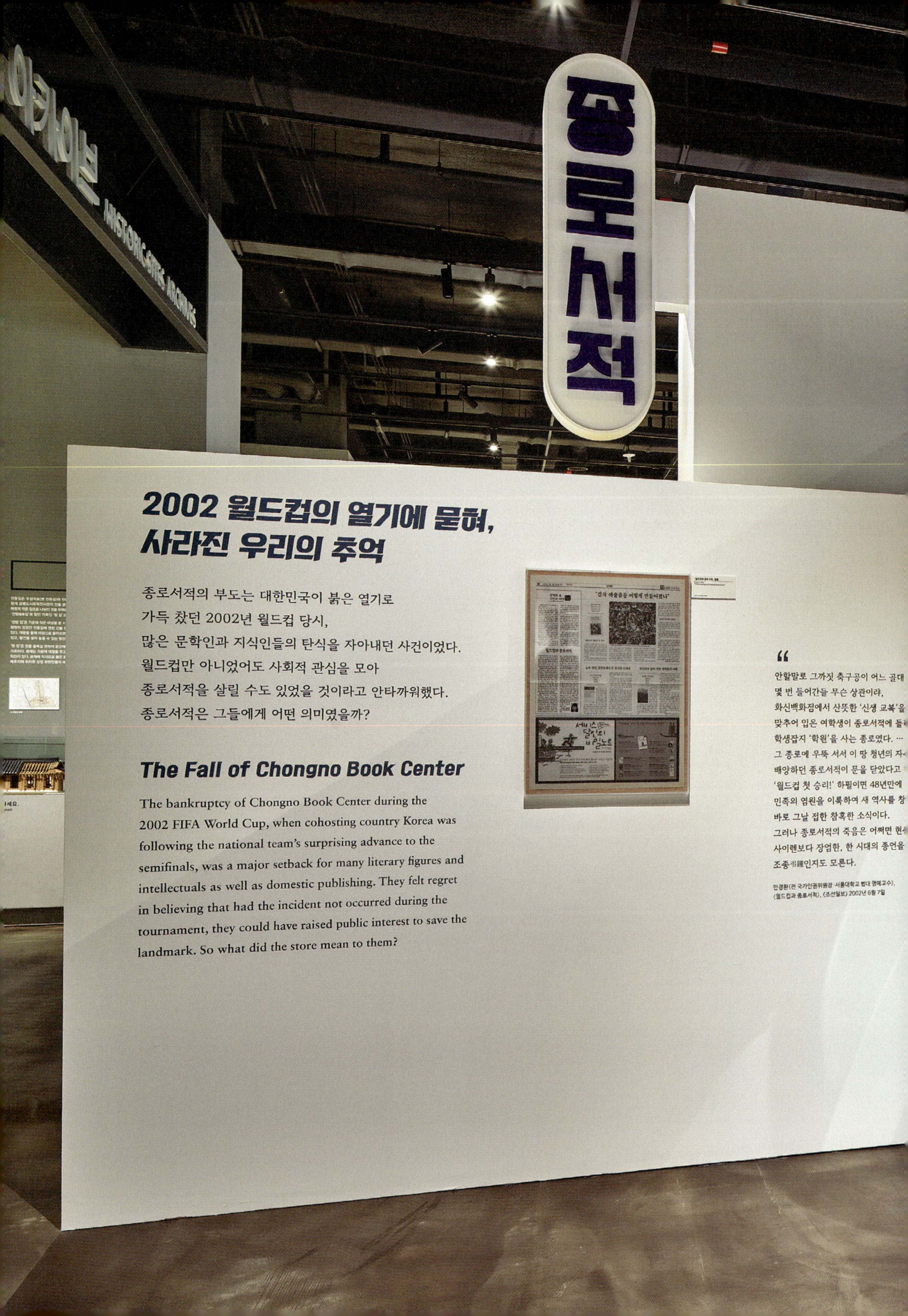
종로서적
2002 월드컵의 열기에 묻혀,
사라진 우리의 추억
종로서적의 부도는 대한민국이 붉은 열기로
가득 찼던 2002년 월드컵 당시,
많은 문학인과 지식인들의 탄식을 자아내던 사건이었다.
월드컵만 아니었어도 사회적 관심을 모아
종로서적을 살릴 수도 있었을 것이라고 안타까워했다.
종로서적은 그들에게 어떤 의미였을까?
The Fall of Chongno Book Center
The bankruptcy of Chongno Book Center during the 2002 FIFA World Cup, when cohosting country Korea was following the national team's surprising advance to the semifinals, was a major setback for many literary figures and intellectuals as well as domestic publishing. They felt regret in believing that had the incident not occurred during the tournament, they could have raised public interest to save the landmark. So what did the store mean to them?
"
안할말로 그까짓 축구공이 어느 골대
몇 번 들어간들 무슨 상관이랴,
화신백화점에서 산뜻한 '신생 교복'을
맞추어 입은 여학생이 종로서적에
학생잡지 '학원'을 사는 종로였다. …
그 종로에 우뚝 서서 이 땅 청년의
배양하던 종로서적이 문을 닫았다고
'월드컵 첫 승리!' 하필이면 48년만에
민족의 염원을 이룩하여 새 역사를 창
바로 그날 접한 참혹한 소식이다.
그러나 종로서적의 죽음은 어쩌면
사이렌보다 장엄한, 한 시대의 종언을
조종弔鐘인지도 모른다.
안경환(전 국가인권위원장·서울대학교 법대 명예교수),
〈월드컵과 종로서적〉, 〈조선일보〉 2002년 6월 7일

철동, 젊음의 거리

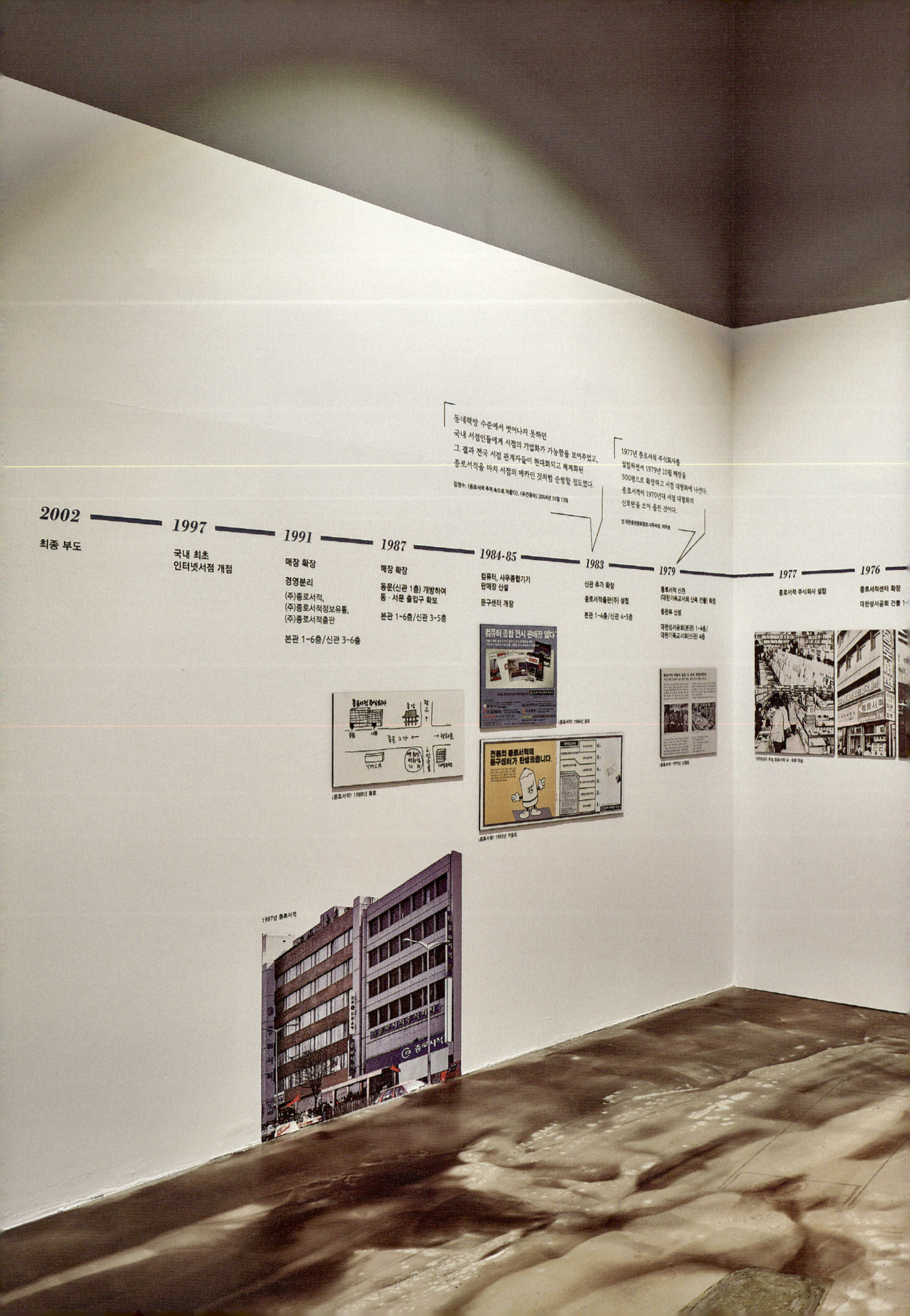
동네책방 수준에서 벗어나지 못하던
국내 서점인들에게 서점의 기업화가 가능함을 보여주었고,
그 결과 전국 서점 관계자들이 현대화되고 체계화된
종로서적을 마치 서점의 메카인 것처럼 순방할 정도였다.
1977년 종로서적 주식회사를
설립하면서 1979년 10월 매장을
500평으로 확장하고 서점 대형화에 나선다.
종로서적이 1970년대 서점 대형화의
신호탄을 쏘아 올린 것이다.
2002
최종 부도
1997
국내 최초
인터넷서점 개점
1991
매장 확장
경영분리
(주)종로서적,
(주)종로서적정보유통,
(주)종로서적출판
본관 1~6층/신관 3~6층
1987
매장 확장
동문(신관 1층) 개방하여
동 · 서문 출입구 확보
본관 1~6층/신관 3~5층
1984-85
컴퓨터, 사무종합기기
판매장 신설
문구센터 개장
1983
신관 추가 확장
종로서적출판(주) 설립
본관 1~4층/신관 4~5층
1979
종로서적 신관
(대한기독교서회 신축 건물) 확장
출판부 신설
대한성서공회(본관) 1~4층/
대한기독교서회(신관) 4층
1977
종로서적 주식회사 설립
1976
종로서적센터 확장
컴퓨터 종합 전시 판매장 열다
전통의 종로서적에 문구센터가 탄생했습니다.
1987년 종로서적

종로서적 연표
1974
지하철 1호선 개통(종각역)
1969
종로서적센터 이전
종로 도로확장 계획에 따라
대한기독교서회 건물 철거
외국서적부 신설
대한성서공회 건물 1 · 2층
1963
종로서적센터 개점
대한기독교서회 건물 1층
1948
종로서관 개관
대한기독교서회 건물 1층
1973년 종로서적센터
1950년대 초 종로서관
1962년 종로서관
국가기록원
HLKY
CLS
작은 책방에서 대형서점으로
1948년 종로서관이라는 이름으로 개업한 종로서적은 처음부터 서울에서 가장 큰 서점 중 하나였고 1960~80년대 지속적으로 성장하며 서점의 규모를 키웠다. 또한 그 사업의 범위도 단지 책의 판매처에 그치지 않고 문화적 기능의 영역으로 확장했다. 종로서적은 독자적 출판물과 계간지 《종로서적》의 발간, 저자와의 대화 등 독자 대상 각종 문화사업을 통해 서울 중심의 서점 기업으로서 책의 발간과 도서 유통이라는 고도의 문화적 행위에 결부된 지적 · 문화적 흐름을 만들고 퍼뜨리는 역할을 했던 것이다.
또한 '종로'라는 입지적 특성은, 해방 이후부터 1980년대에 걸쳐 독서 인구로 성장한 '산업화 세대'와 '민주화 세대' 공통의 문화적 경험과 기억이 담긴 공간으로서 종로서적의 '장소성(sense of place)'을 완성하게 하였다.
From Small to Large Bookstore
Since its foundation in 1948 as Chongnoseogwan, Chongno Book Center was one of the largest bookstores in Seoul and constantly expanded in size from the 1960s to 80s. Furthermore, it also widened its business scope beyond sales to cultural activities. Through a wide range of cultural projects for readers like producing independent publications and the quarterly Chongno Book Center and hosting talks with authors, the store, as a book company based in Seoul, played a vital role in creating and spreading intellectual and cultural trends that advanced the cultural activities of book publication and distribution.
In addition, its distinct location in Jongno contributed to its unique sense of place containing the shared cultural experiences and memories of the nation's "industrialization" and "democratization" generations, who grew into a population of readers from after national liberation in 1945 to the 1980s.

꿈을 키워준 나의 일터
Dream-Nurturing Workplace
With the modernization of Chongno Book Center, staff not only were trained in systematic management and attentive customer service but also received a "general education." This is why the store was often called part of "Jongno University" or "Bookstore Talent Academy." Many of its executives and staff went on to become owners or employees of other bookstores like industry giants Kyobo Book Centre and Youngpoong Bookstore.
서점이 현대화되면서 종로서적의 직원들은 체계화되고 의식적인 서점 관리 및 고객 응대 교육을 받았을 뿐 아니라 일반 '교양 교육'도 받았다. 그래서 종로서적은 '종로대학'의 일부이자 '서점 인재 사관학교'로 불리기도 했으며, 종로서적 출신 임직원들은 교보문고나 영풍문고 같은 대형서점은 물론이거니와 다른 후발 서점의 경영자나 사원이 된 경우가 많았다.
1981
1992

오래된 서점거리, 종로
종각 가까이에 근대적 의미의 서점 '고제홍서사(회동서관)' 라는 서적상이 생긴 것을 시작으로, 1900년을 전후하여 종로 사거리 남쪽과 동쪽 방향에 덕흥서림, 동양서림, 박문서관, 영창서관 등의 서점이 생기면서 이 일대는 "종로 책전거리"라 불리기 시작했다. 대부분의 서점들이 출판을 겸하고 있었기 때문에 서울 사람은 물론이고 지방은 서점업자들까지 모두 종로에 와서 책을 구입해야 했다.
해방 이후부터 1970~80년대까지 경제 성장, 교육열의 상승, 독서 인구의 증가에 따라 책에 대한 수요가 늘어났다. 이에 따라 출판사도 많이 생겨나고, 종로의 서점 거리 또한 최고의 전성기를 누렸으며, 쏟아져 나오는 책들을 전시할 공간이 더 많이 필요해졌다. 1980년대 초반부터 교보문고, 영풍문고, 을지서적 등 본격적인 대형 서점이 등장하게 되었고 중소형의 서점은 점차 사라져갔다.
Jongno: Old Book Street
After Gojehongseosa (Hoedongseogwan), a bookshop under a modern concept, was opened near Jonggak, others such as Deokheungseorim, Dongyangseorim, Bakmunseogwan, and Yeongchangseogwan around 1900 sprouted up to the south and east of the Jongno intersection, which earned the area the nickname "Jongno Book Street." Since most such businesses in this area were also publishers, people not only in Seoul but also bookstore owners from other regions had to visit Jongno to purchase books.
Until the 1970s and 80s after liberation, demand for books surged due to economic growth, rising education fever, and higher number of readers. In the early 1980s, large bookstores like Kyobo Book Centre, Youngpoong Bookstore, and Eulji Bookstore emerged and led to the gradual disappearance of small- and midsize counterparts.
책과 사람이 만나는 곳
Mecca for Books and People
Today, the internet offers a limitless volume of information, searches for anything and access to relevant data. Before this breakthrough, books were the primary source of knowledge and provider of the latest information on a range of subjects. And as venues where people could discover books, bookstores served as repositories of knowledge.
지금은 인터넷에 다양한 정보들이 넘쳐나고, 검색만 하면 검색어와 관련한 여러 정보들을 확인할 수 있지만, 예전에는 그 모든 지식이 책 속에 있었고, 가장 새로운 정보도 책을 통해 습득할 수 있었다. 그리고 그 책들을 만날 수 있는 서점은 지식의 보급 창고였다.

종로서적

Prologue
프롤로그

종로서적의 부도는 대한민국이 붉은 열기로 가득 찼던 2002년 월드컵 당시, 많은 문학인과 지식인들의 탄식을 자아내던 사건이었다. 월드컵만 아니었어도 사회적 관심을 모아 종로서적을 살릴 수도 있었을 것이라고 안타까워했다. 종로서적은 그들에게 어떤 의미였을까?

2002 월드컵의 열기에 묻혀, 사라진 우리의 추억

The Fall of Chongno Book Center

The bankruptcy of Chongno Book Center during the 2002 FIFA World Cup, when cohosting country Korea was following the national team's surprising advance to the semifinals, was a major setback for many literary figures and intellectuals as well as domestic publishing. They felt regret in believing that had the incident not occurred during the tournament, they could have raised public interest to save the landmark. So what did the store mean to them?

> “
>
> 안할말로 그까짓 축구공이 어느 골대로
> 몇 번 들어간들 무슨 상관이랴,
> 화신백화점에서 산뜻한 ‘신생 교복’을
> 맞추어 입은 여학생이 종로서적에 들러
> 학생잡지 ‘학원’을 사는 종로였다. …
> 그 종로에 우뚝 서서 이 땅 청년의 자주와 자존을
> 배양하던 종로서적이 문을 닫았다고 한다.
> ‘월드컵 첫 승리!’ 하필이면 48년만에
> 민족의 염원을 이룩하여 새 역사를 창조했다는
> 바로 그날 접한 참혹한 소식이다.
> 그러나 종로서적의 죽음은 어쩌면 현충일의
> 사이렌보다 장엄한, 한 시대의 종언을 알리는
> 조종弔鐘인지도 모른다.
>
> 안경환(전 국가인권위원장 · 서울대학교 법대 명예교수),
> 〈월드컵과 종로서적〉, 《조선일보》 2002년 6월 8일
>
> ”

46　2002년 6월 8일 토요일 20판　제25334호

문학의 숲 고전의 바다 文學古典

서울에서 태어난 나는 평생토록 서울을 가슴팍에 달고 다닌다. 사내 아이 성명 석자 중에 한 글자의 작명권을 가진 조부는 여섯 번째 손자에게 ‘서울 경’(京)자를 선사했다. ‘벼슬하지 말라!’ 다소 좀스런 가훈을 물리면서 누대에 걸쳐 큰 농사와 짧은 글읽기로 난세를 살아남기에 급급했던 가문이다. 그러나 세상의 바뀜을 끝내 외면할 수는 없었던지 살림꾼 맏이를 빼고 네 아들 모두 일본 유학을 내보낸 조부였으니 손자도 하나쯤 옛 임금의 땅에서 입신하라는 염원을 품었음직하다. 그렇지 않으면 딱히 고를 글자가 마땅치 않아 그저 편하게 찍었는지도 모른다. 십 몇 촌 이내에는 동명이 허용되지 않았고 내가 태어날 당시 웬만큼 괜찮은 자는 무수한 몇 겹 종형(從兄)들에 의해 이미 선점당한 터였으니 말이다.

피난과 수복, 그리고 낙향으로 뒤범벅이 된 유소년 기간 내내 나는 내 이름의 고향을 그리면서 살았다. 난리 통에 풍비박산이 된 가족, 졸지에 ‘시골 소년’이 되어버린 나는 흐릿한 기억 속 세일러복의 치과집 딸아이를 그리며 야산 철쭉을 꺾었다. 그 소녀가 한번쯤 ‘윤초시 증손녀’가 되어 내 앞에 나타날지 모른다는 설레임에 밤 별 하늘을 바라보곤 했다.

대학생이 되어 서울에 재입성하기 전에 딱 한 번, 새참 나들이를 했다. 종로였다. 수문장격인 화신백화점에서 산뜻한 ‘신생 교복’을 맞추어 입은 여학생이 종로서적에 들러 학생잡지 ‘학원’을 사는 종로였다. ‘차라리 헤어지자, 종로 네거리’ 유행가 가사대로 애틋한 연인들의 사연도 유랑하는 곳이었다. 그곳에서 수줍은 지갑을 열어 참고서 한 권을 샀다. 내가 유배생활을 하던 소읍 배다리의 헌책방 ‘형설(螢雪)문고’와는 실로 천양지차였다. 지천으로 누르는 새책더미에서 은은한 향내마저 감돌았다.

책방 문을 나서면 온통 간판 투성이였다. ‘뉴욕제과’ ‘파리제과’, ‘독일빵집’, 종로는 적어도 이름으로는 이 땅에 홍수처럼 밀어닥친 서양문물의 전시장이다. 연조 깊은 ‘고려당’에 후발주자인 ‘복떡방’이 안쓰럽게 편식의 위험에 계고장을 보낼 뿐이다. ‘馬利書肆’ 김수영의 비아냥대로 한 세대 앞서 ‘똥 폼 잡던’ 박인환의 모더니즘의 유희가 스친 곳이다. 단성사, 피카디리 극장의 ‘리버티 뉴스’를 통해 민주주의와 자유의 정신을 공급받았던 종로였다. 박래(舶來)의 지성과 양식은 곧바로 이 땅 청년의 학문과 사상의 자양분이었다.

그 종로에 우뚝 서서 이 땅 청년의 자주와 자존을 배양하던 종로서적이 문을 닫았다고 한다. ‘월드컵 첫 승리!’ 하필이면 48년 만에 민족의 염원을 이룩하여 새 역사를 창조했다는 바로 그날 접한 참혹한 소식이다. 그러나 종로서적의 죽음은 어쩌면 현충일의 사이렌보다 장엄한, 한 시대의 종언을 알리는 조종(弔鐘)인지도 모른다.

‘붉은 악마’ 군단의 활보는 피의 냄새가 물씬거리는 이 땅에 적색 공포를 말끔히 청산해 주었다. 전국민이 붉은 악마가 된 것은 어쩌면 문자를 매개체로 하던 사색의 시대를 뒤로하고 현란한 시각과 행동의 시대가 도래했음을 알리는 신호탄일지도 모른다. 그 종소리가, 그 신호가 무섭다. 군데군데 한자가 섞였다는 이유만으로 ‘자유의 시인’ 김수영도, ‘5월 광주의 시인’ 황지우의 시도 읽어내지 못하는 이 땅의 문학지망생, 원서 대신 ‘번역서’만을 찾는 영문학도, 마치 성전을 치르는 사명감으로 점거한 총장실에서 밤새 희희덕거리며 성인영화를 트는 철없는 학생들이 남긴 너무나도 비천한 낙서 구호, 이 모든 것들이 종로서적의 사망선고와 무관한 것일까?

월드컵과 종로서적

안할말로 그까짓 축구공이 어느 골대로 몇 번 들어간들 무슨 상관이랴, 마치 ‘족집게 과외’ 하듯이 외국인 교사의 고액 단기완성 작전이 성공하여 월드컵 16강의 꿈을 이룬다고 해서 정녕 이 나라의 장래가 밝아지는가? 불과 1년반 전까지 광화문 대형서점 입구에 전시된 역대노벨상 수상자 명단의 말미에 처절한 기도문처럼 걸려있던, 빈 액자 속의 ‘장래의 한국의 수상자’ 문구대로 마침내 노벨상을 얻은 우리다. 그 소원을 이루고 나서 나라가 밝아졌는가? 대표팀의 승리에, 히딩크의 기여에 전국민과 함께 눈물로 환호하면서도 무언가 그 다음을 생각해야 할 것 같은 무거운 책임감이 든다.

/안경환·서울법대 학장·한국헌법학회 회장

〈월드컵과 종로서적〉 칼럼

Column titled “FIFA World Cup and Chongno Book Center”

2002년 6월 8일 | (신문) 54.6 × 39.4 (칼럼) 31.4 × 11.2 | 전세영

주간《시사저널》제660호
Weekly Sisa Journal, vol. 660
2002년 6월 | 27.7×20.9×0.3

뉴스메이커

"부활하라, 종로서적" 100년 가까운 역사를 지닌 서울 종로서적이 지난 6월4일 부도를 맞았다. 종로서적을 재건해야 한다는 성명서를 발표한 한국출판인회의(회장 김언호)는 곧 시민·문화 단체와 손잡고 구체적인 활동을 펼치겠다고 밝혔다. 종로서적은 서울 종로 2가의 마지막 서점이었다.

헨리 키신저 전 미국 국무장관

장사판 뛰어든 노정객의 야망

1970년대에 미국 국무장관·백악관 안보담당 특별보좌관 등을 지낸 '책사' 헨리 키신저가 장사판에 뛰어들었다. 통신 부문에서 세계 굴지의 사모 투자 회사로 꼽히는 힉스 뮤즈의 고문으로 영입이 확정된 것이다.

힉스 뮤즈가 키신저를 끌어들인 것은 조지 부시 전 미국 대통령, 프랭크 칼루치 전 국방장관 등을 끌어들여 방위산업 분야에서 기세를 올리고 있는 칼라일 그룹의 선례를 따른 것이다. 칼라일 그룹은 막강한 영향력을 지닌 거물들을 자금 조달·로비 등에 투입해 전세계를 상대로 한 투자 사업에서 큰 성공을 거두었다.

힉스 뮤즈측은 1차로 그를 유럽에서의 사업 확장에 이용하려고 한다. 키신저는 이미 지난 6월5일 힉스 뮤즈가 주최한 영국 런던의 한 투자자 모임에 참석해 '세계화'와 '테러리즘'을 주제로 연설하기도 했다. 올해 79세인 키신저는 자기가 차린 정치 자문 회사 '키신저 어소시에이츠'를 지렛대로 삼아 정계 은퇴 이후에도 세계 정치에 지속적인 영향력을 행사해 왔다. 힉스 뮤즈측은 이 유태인 출신의 초일류 거물을 영입하는 데 든 비용에 대해서는 입을 다물고 있다.

박성준 기자

이석희 전 국세청 차장

대선 코앞에 두고 결국 끌려오나

'세풍 사건'의 주역 이석희 전 국세청 차장은 정치권에 핵폭탄이 된 지 오래다. 민주당은 대선 전에 그가 국내로 송환되어 세풍 사건이 다시 점화되었으면 하는 바람이 간절하다. 한나라당 이회창 후보의 최대 약점이 여기에 있다고 보기 때문이다. 반면 그가 귀국할 경우 수세에 몰릴 것이 뻔한 한나라당은 어떻게든 대선 전에는 그가 돌아오지 않기를 바라고 있다.

이런 상황에서 이씨가 국내에 송환될 가능성은 점점 높아 가는 분위기다. 도피 중이던 지난 2월16일 미국 미시간 주에 있는 한 임대 주택에서 미국 연방수사국 요원들에게 체포된 그는 현재 미시간 주 그랜드래피즈 연방법원에서 재판을 받고 있다.

'나는 정치범'이라는 이씨의 주장을 인정하지 않고 있는 그랜드래피즈 법원은 8월5일 최종 결심 공판을 갖는다. 공판이 끝나면 미국 국무부는 9월5일까지 이씨를 한국으로 인도할 것인지를 결정해야 한다. 만약 이씨가 송환된다면 9월은 대선을 앞둔 이회창 후보에게 잔인한 달이 될 것이다. 그러나 이씨가 체포 또는 구금 상태인 피의자가 제기할 수 있는 인신보호영장 제도를 이용해 재판을 고의로 지연시킨다면 송환이 늦추어질 가능성도 있다.

소종섭 기자

18 시사저널 2002.6.20

2002년 월드컵 당시의 분위기를 느낄 수 있는 표지의
주간지들 속에서도 종로서적의 부도 소식이 다루어지고 있다.

복거일의 시사 진단

'종로서적' 파산을 보면서

얼마 전 타계한 현인(玄仁) 선생은 말년에 병약해지자 사람들 앞에 나타나지 않았다. '스타'는 초라한 모습으로 청중들을 실망시켜선 안된다는 것이 그의 신조였다고 한다.

현인 선생의 모습을 떠올릴 때마다 내 가슴엔 존경과 고마움이 따스하게 고인다. 내가 품은 존경은 '스타'는 결코 초라한 모습을 사람들에게 보여선 안 된다는 그의 철저한 '직업 의식(professionalism)'을 향한 것이고, 내가 느끼는 고마움은 결코 흐트러짐이 없었던 그의 모습을 온전한 기억으로 지닐 수 있게 해준 데 대한 것이다.

뒤에 남은 사람들이 그의 기억을 온전하게 지닐 수 있도록 삶을 깔끔하게 마감하는 것은 누구에게나 중요하다. 이것은 실로 사람만이 아니라 사회적 조직에도 해당되는 얘기다. 어느 분야에서 오랫동안 사회적 기능을 잘 수행하여 사람들의 아낌을 받은 사회적 조직에는 특히 그렇다. 세상이 바뀌어서 많았던 기능이 없어지거나 조직 자체가 생기를 잃으면 그런 조직이 깔끔하게 삶을 마감하도록 하는 것이 옳다. 그래야 그런 조직이 쌓은 업적이 훼손되지 않고 사람들이 품었던 정(情)도 시들지 않는다.

현실적인 길은 그런 기업이 위엄을 지닌 채 삶을 마감하도록 하는 것이다. 그리고 사정이 허락한다면 그 기업의 사회적 공헌을 기념하고 그 기업을 이끌어온 직원들을 위로하는 자리를 마련하는 것이다.

며칠 전 파산해서 문을 닫은 '종로서적'도 그런 사회적 조직이다. 1907년에 설립되어 현존하는 서점들 가운데 가장 오래 되었고 그동안 종로의 명소로 사람들의 아낌을 받았다. 그래서 많은 사람들이 '종로서적'의 파산을 안타까워 하고, 반사적으로 그 서점을 되살릴 길을 찾아보자고 말한다. 오랫동안 아낌을 받던 사회적 조직이 없어지게 되면 으레 그런 반응이 나온다. '현대문학'처럼 오래 나온 잡지나 '르네상스'처럼 오래된 음악감상실의 경우에도 같은 얘기들이 나왔었다.

아쉽게도 그렇게 반사적으로 나오는 얘기들을 실제로 따르는 것은 비현실적이다. 어떤 기업이 파산했을 때 외부 사람들이 십시일반(十匙一飯)으로 그것을 되살리기는 실질적으로 불가능하다. 그런 정도 도움으로 되살아날 수 있다면 애초에 파산하지 않았을 것이다. '종로서적'의 경우 계단이 많은 매장, 주차장 부족, 인근에 새로 생긴 대형 서점들의 높은 경쟁력, 그리고 인터넷 서점들의 등장과 같은 요인들이 경쟁력 저하로 나타났고, 그런 요인들에 대한 시원스러운 대책은 없는 것으로 보인다.

이런 경우 시장의 판단을 따르는 것이 대체로 현명하다. 시장은 경쟁력을 잃은 기업들을 어김없이 가려내서 밀어낸다. 그리고 그 자리에 좀더 경쟁력이 있는 기업들이 들어서서 소비자들이 혜택을 본다. 미국 경제학자 조지프 슘페터는 그런 현상을 '창조적 파괴(creative destruction)'라고 부르고, 그것이 바로 자본주의가 보이는 놀라운 활력의 원천이라고 지적했다. 시장은 늘 그런 방식으로 사회의 자원을 효율적으로 배치하므로 파산한 기업을 억지로 되살리려는 시도는 사회적 자원을 낭비하고, 사람들의 마음 속에 새겨진 그 기업의 이미지까지 상처를 입도록 한다.

따라서 현실적인 길은 그런 기업이 위엄을 지닌 채 삶을 마감하도록 하는 것이다. 그리고 사정이 허락한다면 그 기업의 사회적 공헌을 기념하고 그 기업을 이끌어온 직원들을 위로하는 자리를 마련하는 것이다. 만일 그 기업이 들었던 건물이 보존된다면 거기에 조그만 팻말을 붙여서 뒷날에도 사람들이 그곳을 알아보게 하고….

'종로서관'이 '종로서적센터'로 이름을 바꾼 1963년, 나는 가벼운 주머니로 종로와 청계천의 서점들을 순례하던 대학 신입생이었다. 그래서 나는 내 젊은 시절의 기억들에서 한 자리를 차지한 '종로서적'의 모습을 온전히 지니고 싶다. 아직 전차가 다니던 거리에 현인 선생의 절창 '세월이 가면'이 배경 음악으로 부드럽게 흐르는 종로의 모습을.

그 벤치 위에 나뭇잎은 떨어지고
나뭇잎은 흙이 되고
나뭇잎에 덮여서
우리들 사랑이 사라진다 해도
내 서늘한 가슴에 있네.

(소설가·시인)

2002.6.20 주간조선 51

주간《조선》제1708호
Weekly Chosun, vol. 1708
2002년 6월 | 28.6×21.2×0.5 | 전세영

부도 관련 신문기사와 사설

Newspaper articles and editorials on the bankruptcy of Chongno Book Center

2002년 6월 | (최대) 35.2 × 26.9 | 이철지, 박현욱

종로서적의 부도에 대한 충격을 담은 다양한 기사와 사설들이 쏟아져 나왔다.

스포츠

청소년교양 권장도서

서울의 오래된 서점

종로서적의 역사는 그 자체로 한국 서점 문화사이자 독서사라 할 수 있다. 종각역 근처 종로2가는 한국 근대 출판 및 도서 유통의 중심지였고, 바로 이곳에서 종로서적이 시작되었다. 그리고 해방 이후, 종로서적은 한국의 경제 및 독서 인구의 성장과 함께 발전하여 우리나라 대표 서점 기업이 되었다.

Old Bookstore in Seoul

The history of Chongno Book Center is akin to that of bookstores culture and reading overall in Korea. In the past, the block Jongno 2-ga near Jonggak Station in Seoul was the center of Christian book publishing and distribution that eventually led to the birth of the store. After national liberation from Japanese colonial rule in 1945, the store grew along with the surging economy and increasing population of readers, eventually becoming the country's leading bookstore.

종로서적

종각 가까이에 근대적 의미의 서점 '고제홍서사(회동서관)'라는 서적상이 생긴 것을 시작으로, 1900년을 전후하여 종로 사거리 남쪽과 동쪽 방향에 덕흥서림, 동양서림, 박문서관, 영창서관 등의 서점이 생기면서 이 일대는 "종로 책전冊廛거리"라 불리기 시작했다. 대부분의 서점들이 출판을 겸하고 있었기 때문에 서울 사람은 물론이고 지방은 서점업자들까지 모두 종로에 와서 책을 구입해야 했다.
해방 이후부터 1970~80년대까지 경제 성장, 교육열의 상승, 독서 인구의 증가에 따라 책에 대한 수요가 늘어났다. 이에 따라 출판사도 많이 생겨나고, 종로의 서점 거리 또한 최고의 전성기를 누렸으며, 쏟아져 나오는 책들을 전시할 공간이 더 많이 필요해졌다. 1980년대 초반부터 교보문고, 영풍문고, 을지서적 등 본격적인 대형 서점이 등장하게 되었고 중소형의 서점은 점차 사라져갔다.

오래된 서점거리, 종로

Jongno: Old Book Street

After Gojehongseosa (Hoedongseogwan), a bookshop under a modern concept, was opened near Jonggak, others such as Deokheungseorim, Dongyangseorim, Bakmunseogwan, and Yeongchangseogwan around 1900 sprouted up to the south and east of the Jongno intersection, which earned the area the nickname "Jongno Book Street." Since most such businesses in this area were also publishers, people not only in Seoul but also bookstore owners from other regions had to visit Jongno to purchase books.
Until the 1970s and 80s after liberation, demand for books surged due to economic growth, rising education fever, and higher number of readers. In the early 1980s, large bookstores like Kyobo Book Centre, Youngpoong Bookstore, and Eulji Bookstore emerged and led to the gradual disappearance of small- and midsize counterparts.

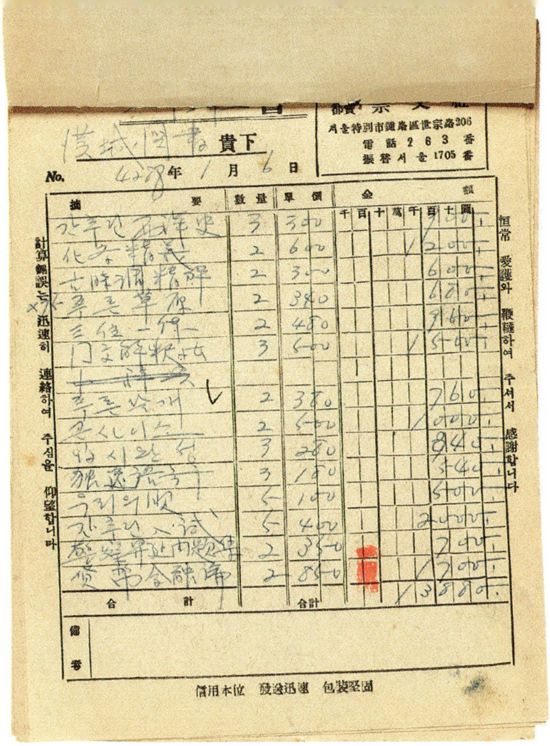
貴下
No. 年 月 日
서울特別市鍾路區世宗路206
電話 2 6 3 番
振替서울 1705 番
摘要 數量 單價 金額
合計
備考
計算錯誤는 迅速히 連絡하여 주심을 仰望합니다
恒常 愛護와 鞭撻하여 주시서 感謝합니다
信用本位 發送迅速 包裝堅固

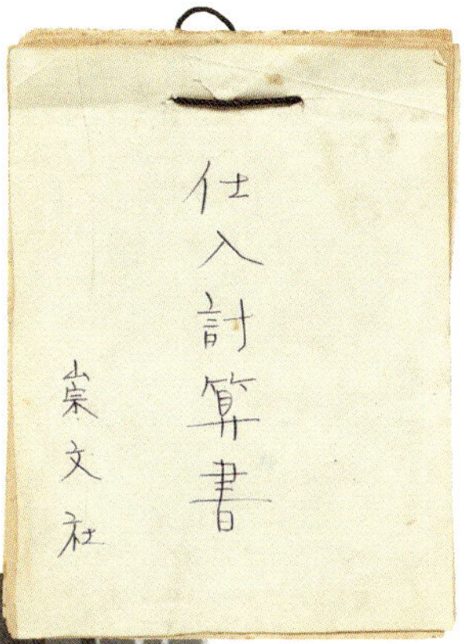

숭문사 사입계산서
Sungmunsa Bookstore business ledger
1955년 | 17.7 × 13.5

광화문 사거리(세종로 206번지)에 있었던 숭문사가 1955년에 한성도서로부터 사입한 도서의 목록와 수량, 금액이 기재되어 있는 계산서이다. 숭문사는 해방 이후부터 1980년대까지 운영되었던 서점이었다.

1963

신문로2가	**출판협동조합(신문로2가 91)**
신문로1가	중앙서림(신문로1가 11)
	삼송서림(신문로1가 129)
	세종서관(신문로1가 129의1)
	서울서관(신문로1가 56)
세종로	**숭문사(세종로 206)**
	월계서림(세종로 204)
	푸른서점(세종로 209)
	수도서림(세종로 209)
종로1가	유길서점(종로1가 59)
종로2가	양우당(종로2가 84)
	삼신서적(종로2가 80)
	을유문화사(종로2가 5)
	종로서관(종로2가 91)
	덕흥서림(종로2가 20)
	영창서관(종로2가 98)
종로3가	세창서관(종로3가 10)
	흥문사서점(종로3가 85)
	단성서림(종로3가 26)
	반도서림(종로3가 37)
공평동	화문사(공평동 104)
관철동	수도서적(종로구 관철동 192-1)
관훈동	학창서림(관훈동 141)
낙원동	청운서림(낙원동 282의35)
내수동	삼성서림(내수동 254)
서린동	학우서림(서린동 26)
인사동	일문사(종로구 인사동 95)

신문로의 출판협동조합
1977년 8월 7일

종로2가의 삼신서적
1963년 4월 29일

종로2가의 을유문화사 판매부
1946년 | 을유문화사

종로2가의 영창서관
1962년 4월

서울부흥대관

Photo album showing the revival of Seoul

1960년 5월 24일 | 23.4 × 32.7 × 4.2

4 · 19혁명을 기념하여 국제통신사에서 출간한 사진집으로 1950년대 말 서울의 정치행정 · 산업 · 경제 · 교육 · 문화 등 다방면의 모습이 담겨 있다. 기독교방송국 사진 속 종로서관의 모습과 덕흥서림의 사진을 확인할 수 있다.

덕흥서림

기독교방송국 1층의 종로서관

1977

신문로2가	삼일서원(신문로2가 89)
	일문사(신문로2가 89)
신문로1가	광화문서림(신문로1가 33)
	명신서점(신문로1가 85)
	중앙서림(신문로1가 1)
	중앙도서전시관(신문로1가 25)
	범한서적(신문로1가 134)
	푸른서점(신문로1가 209)
세종로	**광문사(세종로 210-4)**
	숭문사(세종로 206)
종로1가	광화문서적센타(종로1가 62-63)
	청구서림(종로1가 27)
	범문사(종로구 종로1가 40)
종로2가	동화서적(종로2가 75-4)
	문학당(종로2가 75-6)
	서울서점(종로2가 75-5)
	양우당(종로2가 84)
	종로서적센타(종로2가 84-91)
종로3가	세창서관(종로3가 10)
경운동	대명서점(경운동 96-17)
	코주부서점(경운동 45)
	한권서점(경운동 50)
관훈동	문장사(관훈동 155)
	문중서림(관훈동 155)
	통문관(관훈동 147)
	학예사(관훈동 143)
	학원서림(관훈동 50)
	학창서림(관훈동 141)
내수동	관동서림(내수동 189)
	내수서림(내수동 189)
당주동	청송서림(당주동 117)
수송동	청문서점(수송동 58)
안국동	동신서림(안국동 139-1)
인의동	한국서적공사(인의동 101-1)
청진동	배문서림(청진동 2-2)

관훈동의 학창서림

1977년 5월 11일

세종로의 광문사와 중앙서림
1977년 8월 7일

세종로의 광문사 근경
1973년 | 국가기록원

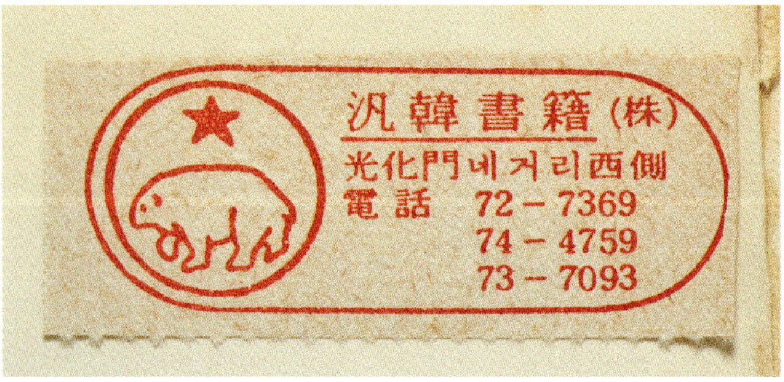

범한서적 매출전표

1970년대 | 최종현 기증

신문로1가의 범한서적

1976년 4월 23일

종로1가의 한국해외출판물

1976년 4월 23일

汎 文 社
PANMUN BOOK CO.
TEL. 72-7990
73-6408

범문사 매출전표

1970년대 | 최종현 기증

종로1가의 범문사(르네쌍스 다방의 1층)

1973년 5월

《독서신문》 1972~73년 편철

Binder containing *Readers News* published between 1972 and 1973

1972~73년 | 각 41.2 × 28.8 × 8.5

1970년 11월 8일에 창간된 학술 · 문화 · 예술 · 출판정보에 관한 전문 신문이다. 1972년 9월에 개관한 중앙도서전시관에 대한 특집기사가 실려 있다. 중앙도서전시관은 한국출판금고에서 출판문화 향상을 위해 마련한 직영기관이다. 신문로1가의 교육회관 1층에 소재하고 있었으며, 국내 발간 서적은 모두 전시하고 정가로 판매하여 도서 유통 질서 확립에도 기여하였다.

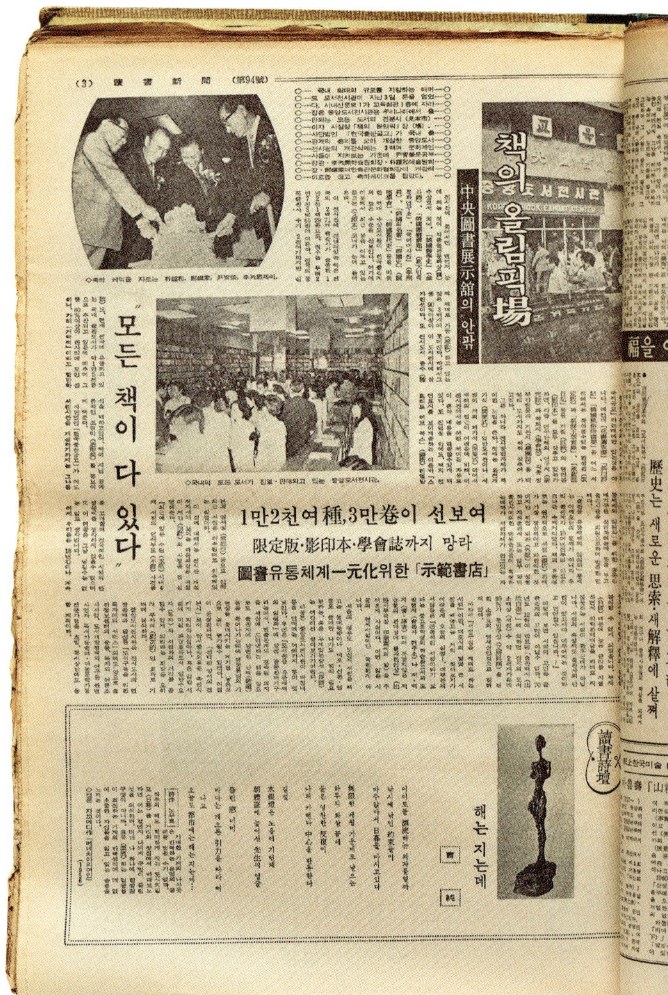
(3) 讀書新聞 (第94號)

책의 올림픽場

中央圖書展示館의 안팎

"모든 책이 다 있다"

1만2천여種,3만卷이 선보여

限定版·影印本·學會誌까지 망라

圖書유통체계一元化위한「示範書店」

歷史는 새로운 思索·再解釋에 살쪄

讀書詩壇

해는 지는데

중앙도서전시관 내외부 모습

1973년 | 국가기록원

종로2가의 문학당과 서울서점
1970년대 | 노무라 모토유키 기증

종로2가의 양우당
1970년대 | 노무라 모토유키 기증

1981

신문로2가	백합서원(신문로2가 89-22)
신문로1가	과학기술도서의집(신문로1가 135)
	광화문서림(신문로1가 33)
	길문사(신문로1가 105)
	숭문사(신문로1가 62)
	정음서림(신문로1가 48)
	중앙도서전시관(신문로1가 25)
종로1가	교보문고(종로1가 1-1)
	청구서림(종로1가 27)
종로2가	동화서적(종로2가 75-4)
	삼일서적(종로2가 75-9)
	서울서점(종로2가 75-55)
	양우당(종로2가 84)
	정음서림(종로2가 120)
	종로서적(종로2가 84-9)
공평동	종각서림(공평동 55)
	화신서적(공평동 70)
관훈동	문장사(관훈동 155)
	통문관(관훈동 147)
내수동	새한서점(내수동 166)
사직동	배화서림(사직동 8-1)
서린동	중앙서림(서린동 66)
	한국출판판매(서린동 72)
청진동	배문서림(청진동 1)

《출판저널》 제43호
The Korean Publishing Journal, vol. 43
1989년 6월 | 31.5 × 24.4 × 0.2 | 한국출판문화진흥재단

《출판저널》은 출판업, 저자 및 편집인 인터뷰, 해외 출판 업계 동향, 전자책 동향, 서평 등 출판물에 대한 자료 및 정보를 제공하는 전문지이다. 이 특집기사에서 작성된 '서울시내 출판문화지도'는 종로 일대의 출판사 · 서점의 분포와 밀집도를 잘 보여주고 있다.

1992

신문로1가	생명의말씀사(종로구 신문로1가 58-1)
종로1가	교보문고(종로구 종로1가 1-1)
종로2가	**종로서적(종로구 종로2가 84의9)**
을지로2가	을지서적(중구 을지로2가 6)

『서울 · 북 · 맵』

Seoul·Book·Map

1993년 | 19.0 × 13.0 × 2.0 | 개인소장

서울 시내 서점가의 지도와 대형 · 전문서점, 대형 · 전문도서관에 대한 정보와 이용가이드를 수록하고 있다. 광화문 · 종로 일대의 서점에 대한 설명을 지도와 함께 실어 놓았다. 앞선 시대에 비해 대형서점 몇몇만이 남아 있는 1990년대의 모습을 엿볼 수 있다.

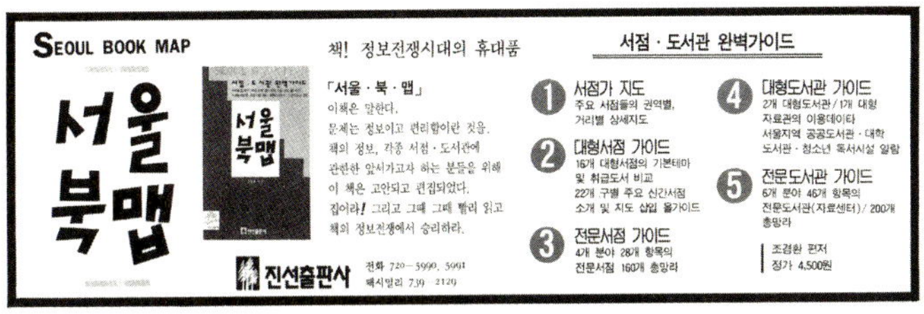

『서울 · 북 · 맵』 광고

《출판저널》 1983년 8월 20일

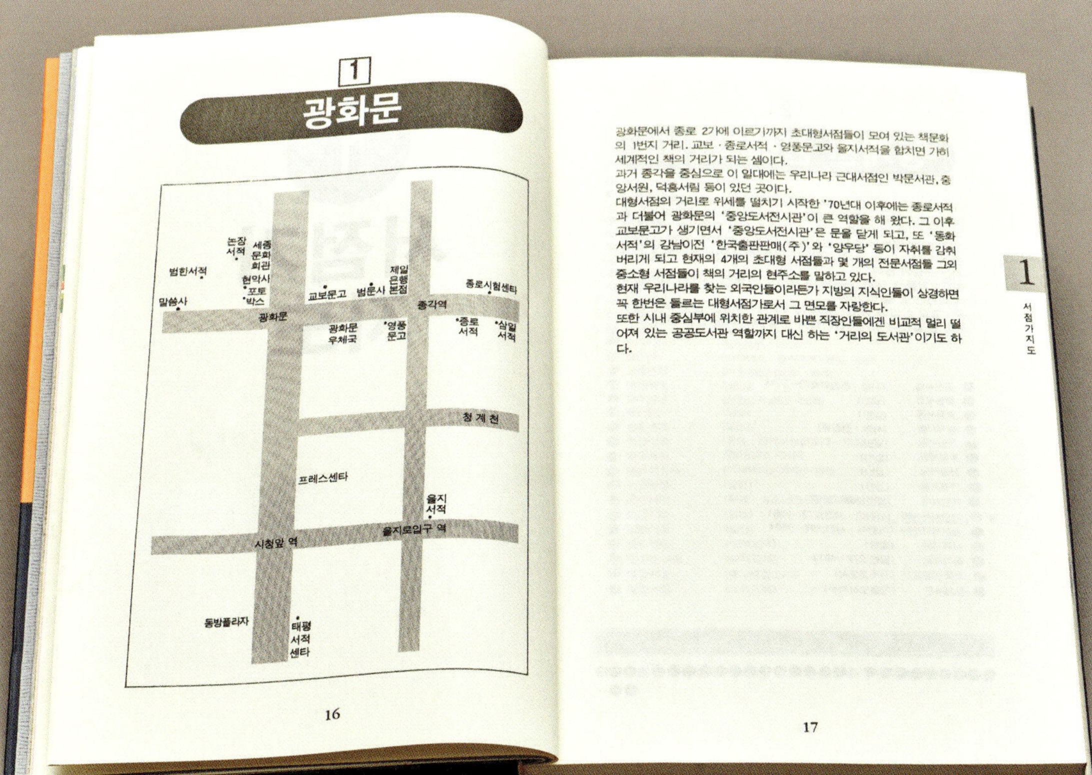

종로서적

1948년 종로서관이라는 이름으로 개업한 종로서적은 처음부터 서울에서 가장 큰 서점 중 하나였고 1960~80년대 지속적으로 성장하며 서점의 규모를 키웠다. 또한 그 사업의 범위도 단지 책의 판매처에 그치지 않고 문화적 기능의 영역으로 확장했다. 종로서적은 독자적 출판물과 계간지 《종로서적》의 발간, 저자와의 대화 등 독자 대상 각종 문화사업을 통해 서울 중심의 서점 기업으로서 책의 발간과 도서 유통이라는 고도의 문화적 행위에 결부된 지적 · 문화적 흐름을 만들고 퍼뜨리는 역할을 했던 것이다.

또한 '종로'라는 입지적 특성은, 해방 이후부터 1980년대에 걸쳐 독서 인구로 성장한 '산업화 세대'와 '민주화 세대' 공통의 문화적 경험과 기억이 담긴 공간으로서 종로서적의 '장소성(sense of place)'을 완성하게 하였다.

작은 책방에서 대형서점으로

From Small to Large Bookstore

Since its foundation in 1948 as Chongnoseogwan, Chongno Book Center was one of the largest bookstores in Seoul and constantly expanded in size from the 1960s to 80s. Furthermore, it also widened its business scope beyond sales to cultural activities. Through a wide range of cultural projects for readers like producing independent publications and the quarterly *Chongno Book Center* and hosting talks with authors, the store, as a book company based in Seoul, played a vital role in creating and spreading intellectual and cultural trends that advanced the cultural activities of book publication and distribution.

In addition, its distinct location in Jongno contributed to its unique sense of place containing the shared cultural experiences and memories of the nation's "industrialization" and "democratization" generations, who grew into a population of readers from after national liberation in 1945 to the 1980s.

종로2가 지하철 공사 사진

Picture of the subway construction in Jongno 2-ga

1973년 5월 | (위) 8.5×69.5 (아래) 10.1×53.5

지하철 공사가 진행 중인 종로2가의 양측면을 찍은 사진으로
네온사인 간판의 종로서적센터의 모습을 볼 수 있다.
아직 대한성서공회 건물이 재건축되기 전, 종각역 지하철 출구도 생기기 전의 모습이다.

종로서적 연표

1969
종로서적센터 이전
종로 도로확장 계획에 따라 대한기독교서회 건물 철거
외국서적부 신설
대한성서공회 건물 1~2층

1963
종로서적센터 개점
대한기독교서회 건물 1층

1948
종로서관 개관
대한기독교서회 건물 1층

1974
지하철 1호선 개통(종각역)

1976
종로서적센터 확장
대한성서공회 건물 1~4층

1977
종로서적 주식회사 설립

동네책방 수준에서 벗어나지 못하던 국내 서점인들에게 서점의 기업화가 가능함을 보여주었고, 그 결과 전국 서점 관계자들이 현대화되고 체계화된 종로서적을 마치 서점의 메카인 것처럼 순방할 정도였다.

김영수, 〈종로서적 추억 속으로 저물다〉, 《주간동아》 2004년 10월 13일

1977년 종로서적 주식회사를 설립하면서 1979년 10월 매장을 500평으로 확장하고 서점 대형화에 나선다. 종로서적이 1970년대 서점 대형화의 신호탄을 쏘아 올린 것이다.

전 대한출판문화협회 사무국장, 이두영

1984-85
컴퓨터, 사무종합기기 판매장 신설
문구센터 개장

1983
신관 추가 확장
종로서적출판(주) 설립
본관 1~4층/신관 4~5층

1979
종로서적 신관(대한기독교서회 신축 건물) 확장
출판부 신설
대한성서공회(본관) 1~4층/대한기독교서회(신관) 4층

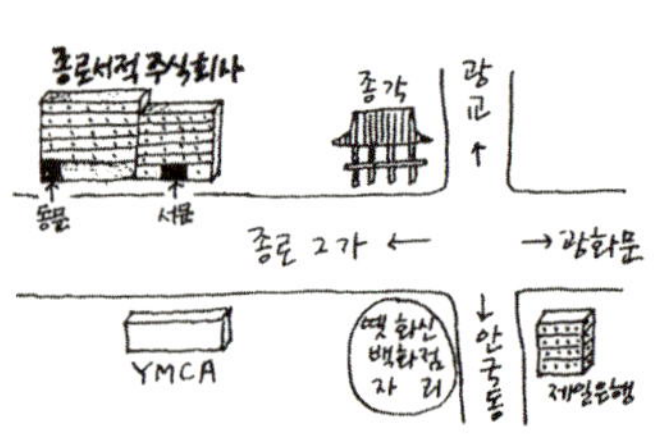

《종로서적》 1988년 봄호

《종로서적》 1979년 12월호

1987
매장 확장
동문(신관 1층) 개방하여 동·서문 출입구 확보
본관 1~6층/신관 3~5층

1991
매장 확장
경영분리
(주)종로서적,
(주)종로서적정보유통,
(주)종로서적출판
본관 1~6층/신관 3~6층

1997
국내 최초 인터넷서점 개점

2002
최종 부도

《신경향》 창간호
The inaugural issue of *Shin Kyunghyang* (New Kyunghyang)
1949년 12월 | 25.7 × 18.4 × 0.9 | 서강대학교 로욜라도서관
경향신문에서 1949년 12월에 창간한 종합시사잡지로 마지막 면에 '종로서관'의 외관 사진이 담긴 광고가 게재되어 있다.

『This is 서울』
This is SEOUL
1957년 | 26.0 × 19.0 × 1.2
서울시사편찬위원회에서 발간한 사진첩이다.
맨 뒤쪽에는 학도호국단이 종로를 행진하는 사진이 수록되어 있는데, 대한기독교서회 건물 측면에 '종로서관'이 크게 쓰여 있다.

Esquire
사진기점
크리운제화

BAKERY
Chongno Book Center
종로서적센터
BOOKS
종로서적센터
백합주단
종로서적
종로원예
대한기독교서회
종로빌딩 건설
주차장
집현관 장내과의원

> 종로서적이 처음 개점할 때 이름은 종로서관이었다.
> 아마 숙명여고 2학년 때였을 것이다. 일본어 번역본을 통해
> 문학의 세례를 받은 문학소녀들에게 그곳은 꿈의 궁전이었다.
> 처음 보는 대형서점이었다. 들어갈 때마다 가슴이 울렁거렸다.
> 어마어마하게 큰 매장이 우리 말로 된 책으로 꽉 차 있다는 건
> 생각만 해도 가슴 벅찬 일이었다.

박완서, 「두 친구」, 『호미』, 열림원, 2014년

기독교방송국 1층의 종로서관
1962년 | 국가기록원

《출판문화》 1965년 3·4월 합병호
Chulpan Munhwa (Publishing Culture)
1965년 4월 | 25.5 × 18.0 × 2.6 | 대한출판문화협회

대한출판문화협회에서 발간하는 출판 종합잡지이다.
서점순례 코너에서 '종로서적센터'의 사진과 기사가 실려 있다.
당시 다른 보통의 서점들은 10여 평에 불과했으나
종로서적센터는 "30여 평 규모의 대형서점"이었다 한다.
또한 기사에는 서점 공간이 가져야 할 특별한 요건에 대한 문제의식과
고객 중심의 서비스 산업으로서의 서점업에 대한
장하구 · 장하린 경영진의 생각이 잘 나타나 있어
이후 종로서적의 선도적 행보를 짐작할 수 있게 한다.

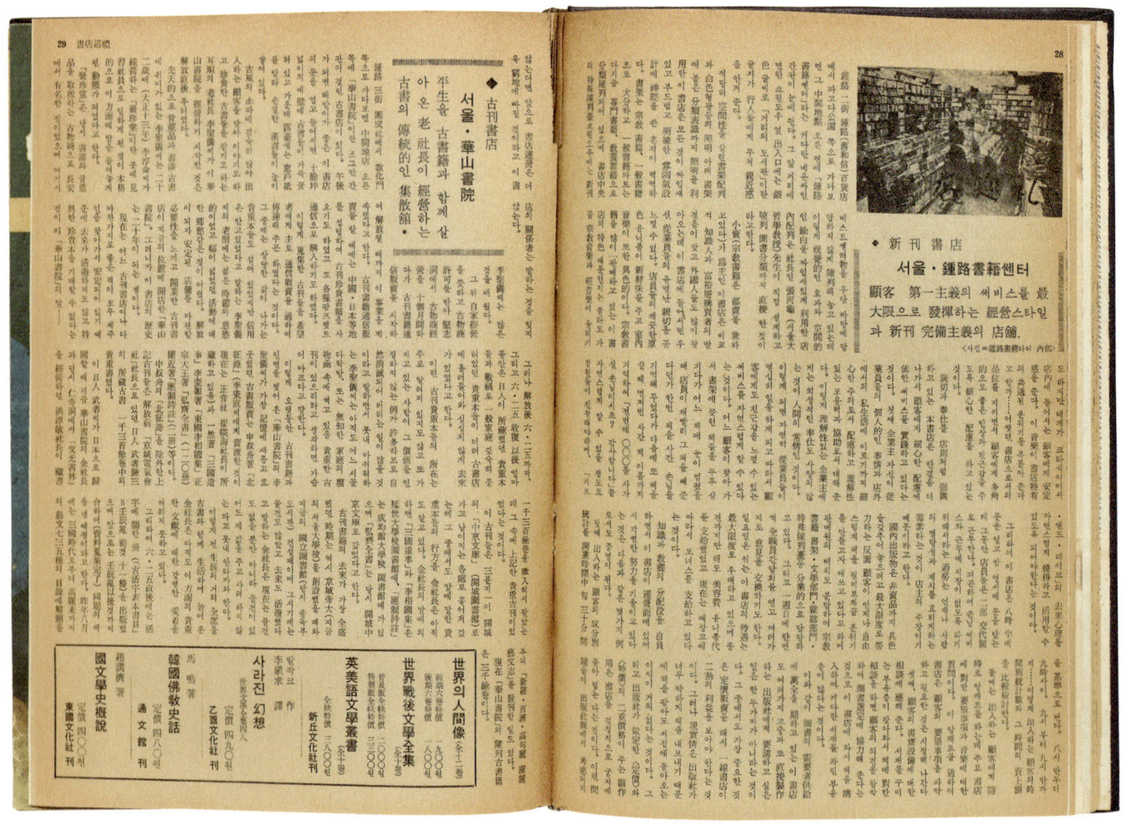
◆ 古刊書店
서울·華山書院
平生을 古書籍과 함께 살아온 老社長이 經營하는 古書의 傳統的인 集散處

◆ 新刊書店
서울·鍾路書籍센터
顧客 第一主義의 써비스를 最大限으로 發揮하는 經營스타일과 新刊 完備主義의 店舖

월간 《내외 출판계》 1976년 12월호
Monthly *Korean Journal of Publication & Library*
1976년 12월 | 21.0×15.0×1.0 | 강성호

각 계에 새로 나온 책들에 관한 정보를 신속히 알린다는 취지로 창간된 출판계 전문잡지이다. 종로서적의 화보와 장하구 사장 인터뷰를 통해 종로서적을 '출판문화의 창구'로 소개하고 있다.

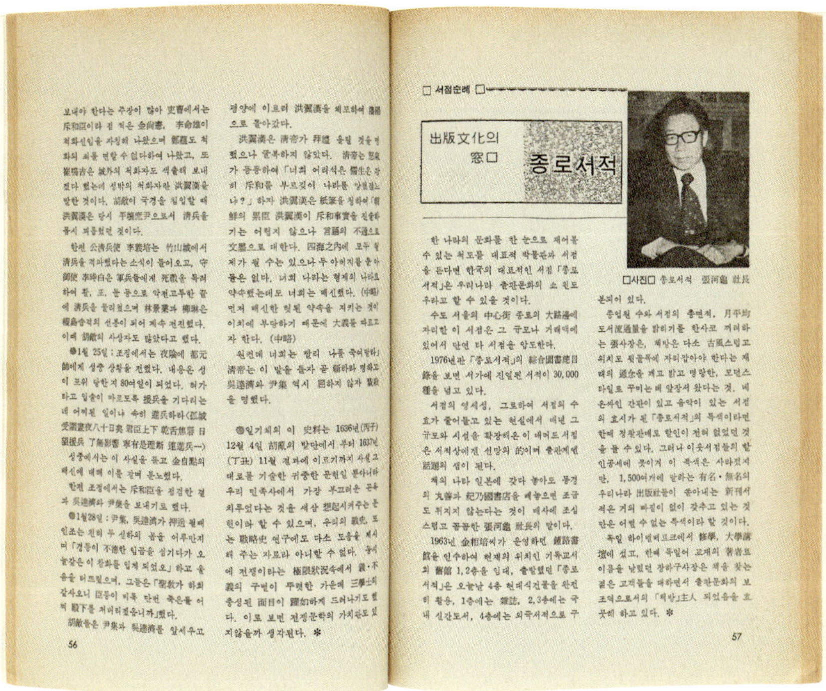

□ 서점순례 □

出版文化의 窓□ 종로서적

□사진□ 종로서적 張河龜 社長

한 나라의 문화를 한 눈으로 재어볼 수 있는 척도를 대표적 박물관과 서점을 든다면 한국의 대표적인 서점 「종로서적」은 우리나라 출판문화의 소 윈도우라고 할 수 있을 것이다.

수도 서울의 中心街 종로의 大路邊에 자리한 이 서점은 그 규모나 거래액에 있어서 단연 타 서점을 압도한다.

1976년판 「종로서적」의 綜合圖書總目錄을 보면 서가에 진열된 서적이 30,000種을 넘고 있다.

서점의 영세성, 그로하여 서점의 수효가 줄어들고 있는 현실에서 매년 그 규모와 시설을 확장해온 이 매머드서점은 서적상에겐 선망의 的이며 출판계엔 話題의 샘이 된다.

책의 나라 일본에 갖다 놓아도 동경의 丸善과 紀乃國書店을 제놓으면 조금도 뒤지지 않는다는 것이 매사에 조심스럽고 꼼꼼한 張河龜 社長의 말이다.

1963년 金相培씨가 운영하던 鍾路書館을 인수하여 현재의 위치인 기독교서회 舊館 1,2층을 임대, 출발했던 「종로서적」은 오늘날 4층 현대식건물을 완전히 활용, 1층에는 雜誌, 2,3층에는 국내 신간도서, 4층에는 외국서적으로 구분되어 있다.

종업원 수와 서점의 총면적, 月平均 도서流通量을 밝히기를 한사코 꺼려하는 張사장은, 책방은 다소 古風스럽고 위치도 뒷골목에 자리잡아야 한다는 재래의 通念을 깨고 밝고 명랑한, 모던스타일로 꾸미는 데 앞장서 왔다는 것. 네온싸인 간판이 있고 음악이 있는 서점의 효시가 된 「종로서적」의 특색이라면 한때 정찰판매로 할인이 전혀 없었던 것을 들 수 있다. 그러나 이웃서점들의 할인공세에 못이겨 이 특색은 사라졌지만, 1,500여개에 달하는 有名·無名의 우리나라 出版社들이 쏟아내는 新刊서적은 거의 빠짐이 없이 갖추고 있는 것만은 어쩔 수 없는 특색이라 할 것이다.

독일 하이델베르크에서 修學, 大學講壇에 섰고, 한때 독일어 교재의 著者로 이름을 날렸던 장하구사장은 책을 찾는 젊은 고객들을 대하면서 출판문화의 보조역으로서의 「책방」主人 되었음을 호뭇해 하고 있다. *

57

종로서적의 구조적 특징

> 종로서적은 층별로 각 분야의 도서가 분류되어 있고, 층마다 서가와 매대가 오밀조밀하게 구획된 수직적인 공간이었어요. 방문자는 1층에서 층별 안내도를 보고, 자신이 원하는 도서 분야를 찾아 엘리베이터나 계단을 이용해 이동할 수 있었죠.
>
> 전 대한출판문화협회 사무국장, 이두영

매장 확장 안내지

Notice on store expansion

1983년 | 26.5 × 18.6 | 이철지

1979년도에 대한기독교서회의 건물로 처음 확장한 이후에도 매장 확장 및 부서 재배치 등의 내부 공간 개선 작업은 1980년대에 여러 차례 이루어졌다. 이 매장 확장 안내지를 통해 1983년에 신관 5층 매장을 신설하고 외국서적부를 배치한 것을 확인할 수 있다.

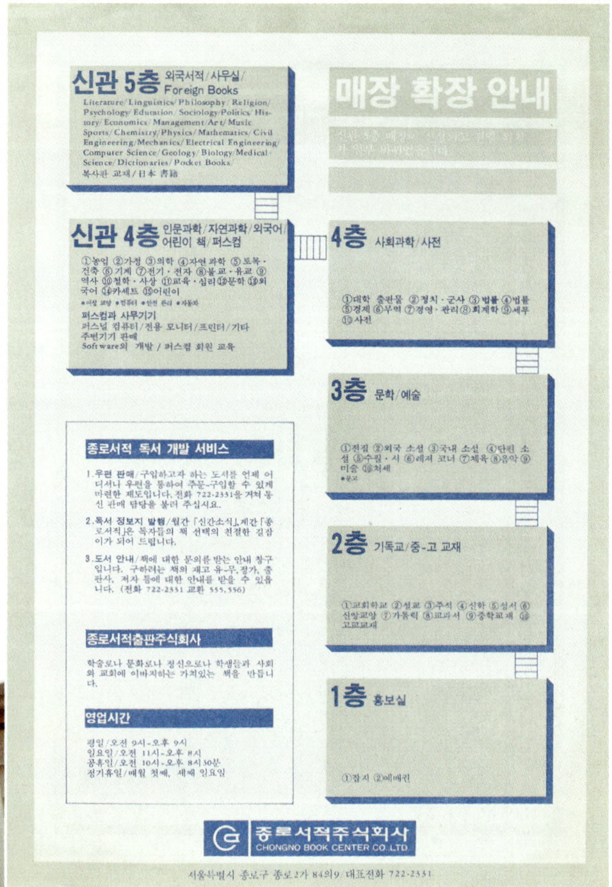

매장 확장 안내

신관 5층 외국서적/사무실/Foreign Books

Literature/Linguistics/Philosophy/Religion/Psychology/Education/Sociology/Politics/History/Economics/Management/Art/Music Sports/Chemistry/Physics/Mathematics/Civil Engineering/Mechanics/Electrical Engineering/Computer Science/Geology/Biology/Medical Science/Dictionaries/Pocket Books/

복사판 교재/日本 書籍

신관 4층 인문과학/자연과학/외국어/어린이 책/퍼스컴

①농업 ②가정 ③의학 ④자연 과학 ⑤토목·건축 ⑥기계 ⑦전기·전자 ⑧불교·유교 ⑨역사 ⑩철학·사상 ⑪교육·심리 ⑫문학 ⑬외국어 ⑭카세트 ⑮어린이

퍼스컴과 사무기기

퍼스널 컴퓨터/전용 모니터/프린터/기타 주변기기 판매

Software의 개발 / 퍼스컴 회원 교육

4층 사회과학/사전

①대학 출판물 ②정치·군사 ③법불 ④법률 ⑤경제 ⑥무역 ⑦경영·관리 ⑧회계학 ⑨세무 ⑩사전

3층 문학/예술

①전집 ②외국 소설 ③국내 소설 ④단편 소설 ⑤수필·시 ⑥레저 코너 ⑦체육 ⑧음악 ⑨미술 ⑩처세

2층 기독교/중-고 교재

①교회학교 ②설교 ③주석 ④신학 ⑤성서 ⑥신앙교양 ⑦가톨릭 ⑧교과서 ⑨중학교재 ⑩고교교재

1층 홍보실

①잡지 ②에배런

종로서적 독서 개발 서비스

1. 우편 판매/구입하고자 하는 도서를 언제 어디서나 우편을 통하여 주문-구입할 수 있게 마련한 제도입니다. 전화 722-2331을 거쳐 통신 판매 담당을 불러 주십시요.

2. 독서 정보지 발행/월간 「신간소식」, 계간 「종로서적」은 독자들의 책 선택의 친절한 길잡이가 되어 드립니다.

3. 도서 안내/책에 대한 문의를 받는 안내 창구입니다. 구하려는 책의 재고 유-무, 정가, 출판사, 저자 등에 대한 안내를 받을 수 있읍니다. (전화 722-2331 교환 555, 556)

종로서적출판주식회사

학술로나 문화로나 정신으로나 학생들과 사회와 교회에 이바지하는 가치있는 책을 만듭니다.

영업시간

평일/오전 9시-오후 9시

일요일/오전 11시-오후 8시

공휴일/오전 10시-오후 8시30분

정기휴일/매월 첫째, 세째 일요일

종로서적주식회사 CHONGNO BOOK CENTER CO.,LTD.

서울특별시 종로구 종로2가 84의9/대표전화 722-2331

외국서적부 이사 모습

Moving the Foreign Books Department

1983년 | 전세영

1983년 매장 확장 안내지에서 소개하고 있는 신관 5층으로의 외국서적부 이사 장면을 촬영한 사진이다.

> 종로서적의 계단을 밟으며 우리는 잡지에서 종교로, 종교에서 인문으로,
> 인문에서 외국어로, 외국어에서 문학으로 올라갔다.
> 한 분야에서 다른 분야의 책을 옮겨가는 일이 마치 그와 같다며
> 정민은 종로서적의 계단을 오르내리기를 좋아했다.
>
> 김연수, 『네가 누구든 얼마나 외롭든』, 문학동네, 2007년

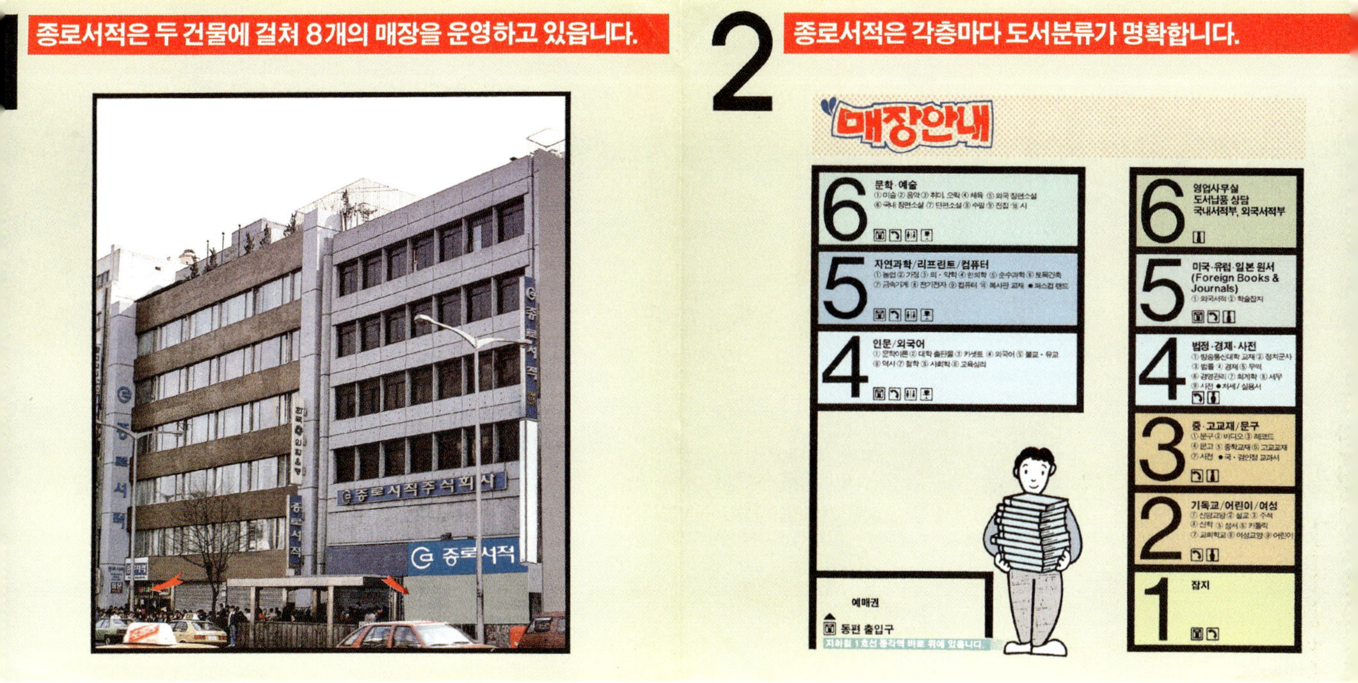

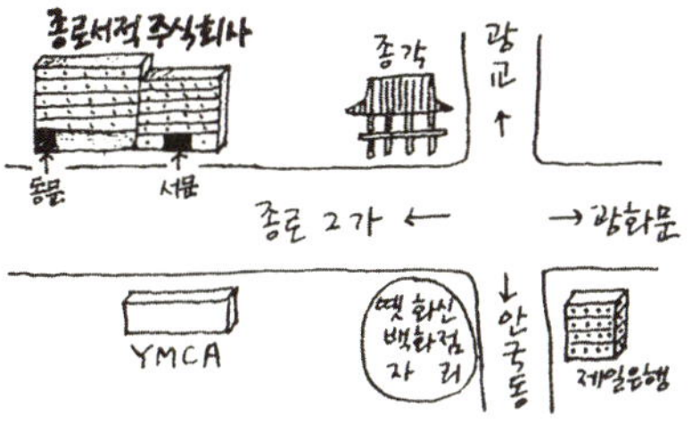

《종로서적》 1988년 봄호

종로서적 안내서

Chongno Book Center brochure

1987년 | 19.2 × 20.8 | 전세영

종로서적은 신관으로의 매장 확장에 따라 공간의 복잡함을 해소하고 이동의 편의성을 도모하기 위해서 1987년 12월부터는 기존 출입구인 서문西門과 더불어 대한기독교서회 건물이 있는 동문東門 출입구를 개방하였다.

종로서적 본 · 신관 각 층의 전경 사진들

Scenes from different floors of the main and newly added buildings of the Chongno Book Center

1987년 | 이철지

신관 6층 문학, 예술 코너

본관 5층 외국서적 및 잡지 코너

신관 5층 컴퓨터, 과학 코너

본관 4층 법정, 경제, 사전 코너

신관 4층 인문, 외국어, 불교 코너

본관 3층 문구, 중고교 교재 코너

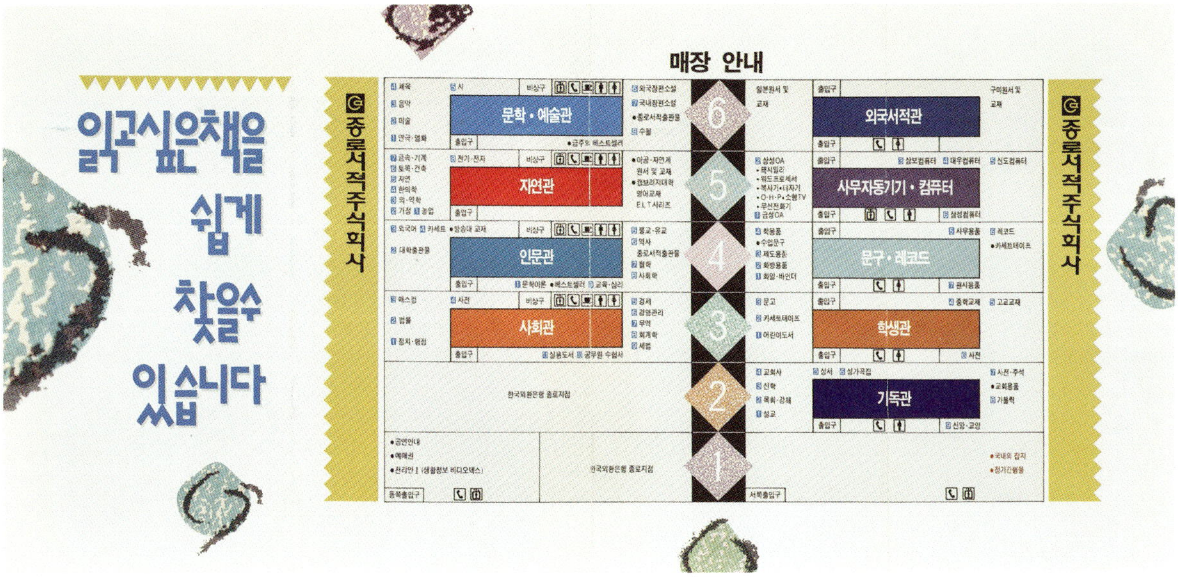

종로서적 안내서

Chongno Book Center brochure

1991년 | 20.5 × 10.8 | 이철지

1980년대 말 또 한 차례의 매장 확장을 한 종로서적은 대한성서공회 건물(서관) 6개 층과 대한기독교서회(동관) 3~6층을 매장으로 사용하면서 매장 총면적 약 1,500평으로 교보문고(약 2,700평)에 이어 국내 두 번째로 큰 서점이 되었다.
총 11개의 개별 매장에 약 20만 종 180만 권을 진열한 서가의 총 길이는 36km로 1991년 한국 기네스북에 오르기도 했다.

종로서적에서 책 읽는 사람들

1990년 | 국가기록원

스포츠
내 마음의 詩
5 시

사랑의 선물
계산 하는곳
CASHIER
계산 하는곳
CASHIER
내 마음의 詩
스포츠

책과 사람이 만나는 곳

지금은 인터넷에 다양한 정보들이 넘쳐나고,
검색만 하면 검색어와 관련한 여러 정보들을 확인할 수 있지만,
예전에는 그 모든 지식이 책 속에 있었고,
가장 새로운 정보도 책을 통해 습득할 수 있었다.
그리고 그 책들을 만날 수 있는 서점은 지식의 보급 창고였다.

Mecca for Books and People

Today, the internet offers a limitless volume of information, searches for anything and access to relevant data. Before this breakthrough, books were the primary source of knowledge and provider of the latest information on a range of subjects. And as venues where people could discover books, bookstores served as repositories of knowledge.

종로서적

종로서적은 독서 · 출판의 사회적 인프라가 전체적으로 부족했던 1950~80년대의 상황에서 도서관이나 정보센터의 역할을 일부 맡았다. 더 나아가 서점 전문인을 양성하고, 전산화 작업이 이루어지기 전의 시대에 출판사, 일반인, 대학 등을 위한 종합서적 정보를 제공했다. 또한 주제별 도서 분류, 표지판 개발 등으로 서점 매장의 현대적 표준을 제시하였으며, 도서 안내(전화) 서비스, 도서 통신판매, 각종 도서 전시회, 작가와의 대화, 사인회 등의 서비스를 통해 새로운 독서 문화를 이끌었다.

거리의 도서관이자 책의 백화점

Street Library and Department Store for Books

From the 1950s to 80s, when social infrastructure for reading and publishing was still lacking, Chongno Book Center was a de facto library and information center, developed professional staff for bookstores, and provided catalogs for other publishers, general readers, and universities before related data was computerized. It also set modern standards for bookstore space by categorizing titles by subject and establishing signs, while spearheading reading trends through services like book guides (telephone), telemarketing, exhibitions, chats with authors, and book signings.

1977년 『종로서적종합도서총목록』
Comprehensive Catalog of Books
at Chongno Book Center in 1977

1977년 | 21.0 × 15.0 × 4.5 | 이동현

종로서적에서 발간한 종합도서총목록이다. 주제별로 분류된 도서목록과 함께 출판사, 서점, 도서 광고 등도 실려 있다. 종로서적센터의 광고도 실려 있는데, 종로서적이 추구하는 서점의 모습을 상징적으로 보여주는 문구가 실려 있다.

종로서적은 거리의 도서관,
누구나 마음대로 들어와 보십시오.

종로서적은 책의 백화점,
무슨 책이든 언제나 보여드립니다.

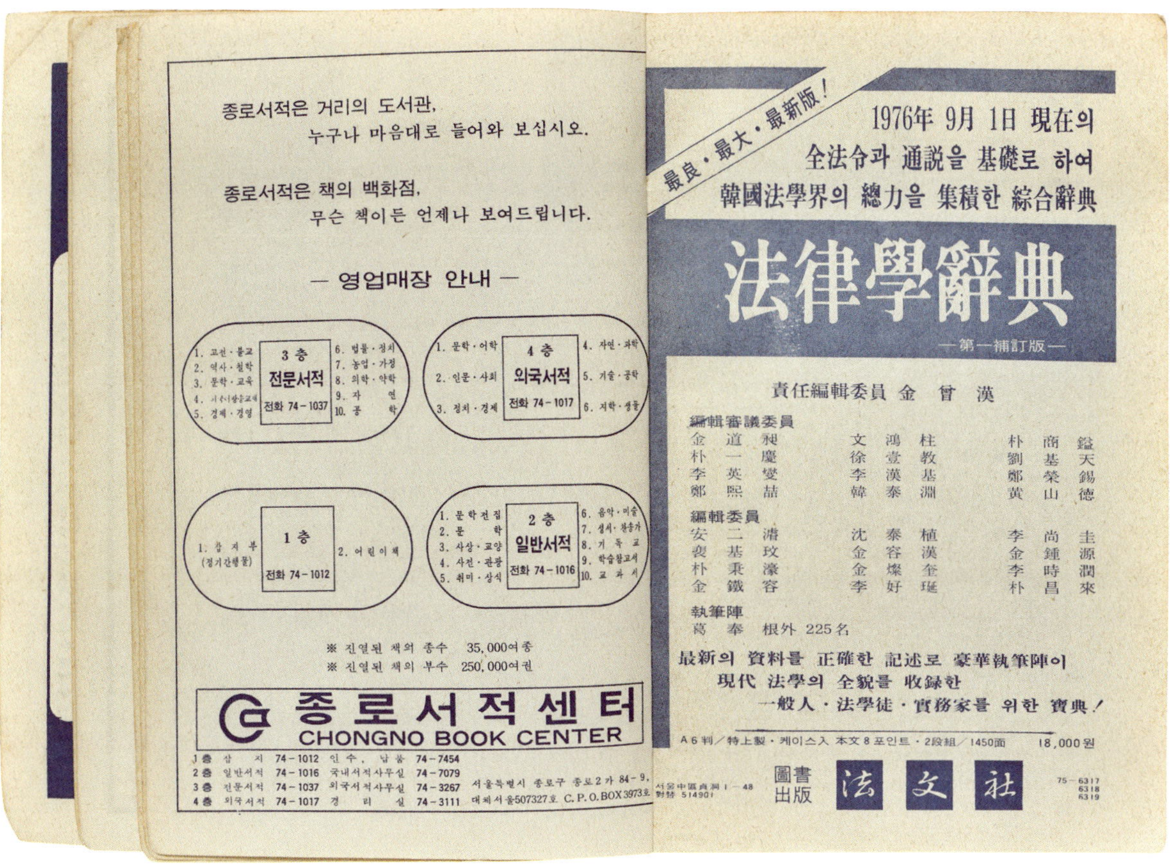

종로서적은 거리의 도서관,
누구나 마음대로 들어와 보십시오.

종로서적은 책의 백화점,
무슨 책이든 언제나 보여드립니다.

— 영업매장 안내 —

3층 전문서적 전화 74-1037
1. 고전·불교 2. 역사·철학 3. 문학·교육 4. 기술시험참고서 5. 경제·경영 6. 법률·정치 7. 농업·가정 8. 의학·약학 9. 자연 10. 공학

4층 외국서적 전화 74-1017
1. 문학·어학 2. 인문·사회 3. 정치·경제 4. 자연·과학 5. 기술·공학 6. 지학·생물

1층 전화 74-1012
1. 잡지부 (정기간행물) 2. 어린이책

2층 일반서적 전화 74-1016
1. 문학전집 2. 문학 3. 사상·교양 4. 사전·관광 5. 취미·상식 6. 음악·미술 7. 성서·찬송가 8. 기독교 9. 학습참고서 10. 교과서

※ 진열된 책의 종수 35,000여종
※ 진열된 책의 부수 250,000여권

종로서적센터
CHONGNO BOOK CENTER

1층	잡지	74-1012	인수, 납품	74-7454
2층	일반서적	74-1016	국내서적사무실	74-7079
3층	전문서적	74-1037	외국서적사무실	74-3267
4층	외국서적	74-1017	경리실	74-3111

서울특별시 종로구 종로2가 84-9, 대체서울507327호 C.P.O.BOX3973호

最良·最大·最新版!

1976年 9月 1日 現在의
全法令과 通說을 基礎로 하여
韓國法學界의 總力을 集積한 綜合辭典

法律學辭典
—第一補訂版—

責任編輯委員 金 曾 漢

編輯審議委員
金道昶 文鴻柱 朴商鎰
朴一慶 徐壹教 劉基天
李英燮 李漢基 鄭榮錫
鄭熙喆 韓泰淵 黃山德

編輯委員
安二濬 沈泰植 李尚圭
裵基玟 金容漢 金鍾源
朴秉濠 金燦奎 李時潤
金鐵容 李好珽 朴昌來

執筆陣
葛奉根外 225名

最新의 資料를 正確한 記述로 豪華執筆陣이
現代 法學의 全貌를 收錄한
一般人·法學徒·實務家를 위한 寶典!

A6判/特上製·케이스入 本文 8 포인트·2段組/1450面 18,000원

서울中區貞洞 1-48 對替 514901
圖書出版 法文社 75-6317 6318 6319

세련된 책의 백화점

그 당시에는 그렇게 큰 책방이 없었어요.
대부분 그냥 작은 동네 책방들이어서, 서서 책을 보고 그런 게 전혀 안 됐었어요.
그런데 종로서적은 자유롭게 책을 볼 수 있고,
클래식 음악이 항상 은은하게 나오고, 세련된 인테리어와 간판에 …

전 종로서적 직원, 조명자

얼마 전 서울에 갈 기회가 있어 말로만 듣던 종로서적을 일부러 찾아가 봤다.
질서 정연하게 꽂힌 책들이며 깨끗한 옷차림의 여사원,
갖가지 안내문과 공들인 각종 설비에 나는 그만 놀라고 말았다.
과연 우리나라 최고의 서점답구나 하고 고개를 주억거리지 않을 수 없었다.
무엇보다도 이것저것 묻는 내 질문에 친절하게 대답해 주는 여사원의 태도가 나를 크게 감복시켰다.
또, 종로서적 특유의 포장지에 책을 싸주는 배려에 그저 입이 벌어질 따름이었다.

송하훈, 〈내가 서울 가서 본 종로서적〉, 《종로서적》 1981년 여름호

종로서적 책 포장지로 포장된 책
Books wrapped by Chongno Book Center book wrapping paper
1990년대 | 22.0×14.8×0.5 | 박상준, 이인순

사원교육과정

Curriculum for employee training

1990년대 | 25.9 × 18.8 × 1.1 | 이철지

1980년대 초 종로서적은 신세계백화점과 대형유통업체에서 서비스 노동을 배워왔고 이후 스스로 축적된 전문 교육 체계와 내용을 가지려 노력했다. 1990년대에 이르면 체계화된 사원교육과정 책자도 마련되었는데, 여기에는 판매사원의 상황별 주요 접객용어와 행동 예절 등이 상세하게 기술되어 있다.

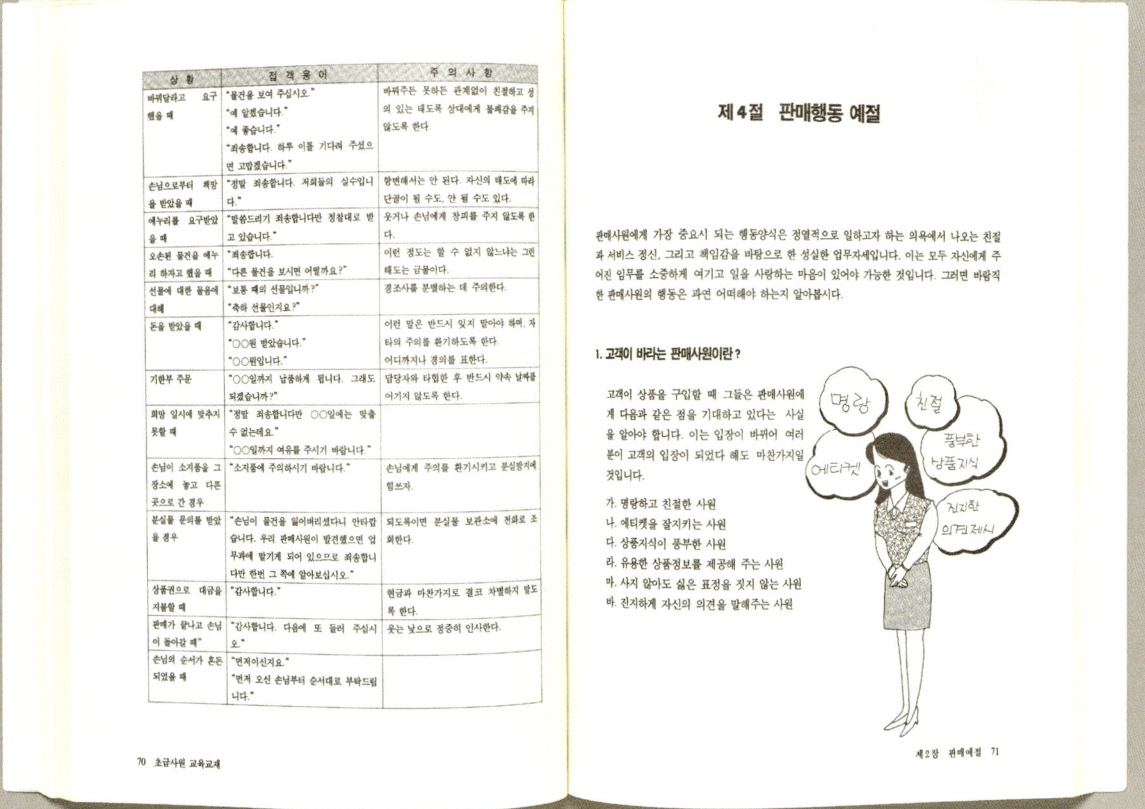

상황	접객용어	주의사항
바꿔달라고 요구했을 때	"물건을 보여 주십시오." "예 알겠습니다." "예 좋습니다." "죄송합니다. 하루 이틀 기다려 주셨으면 고맙겠습니다."	바꿔주든 못하든 관계없이 친절하고 성의 있는 태도록 상대에게 불쾌감을 주지 않도록 한다.
손님으로부터 책망을 받았을 때	"정말 죄송합니다. 저희들의 실수입니다."	항변해서는 안 된다. 자신의 태도에 따라 단골이 될 수도, 안 될 수도 있다.
에누리를 요구받았을 때	"말씀드리기 죄송합니다만 정찰대로 받고 있습니다."	웃거나 손님에게 창피를 주지 않도록 한다.
오손된 물건을 에누리 하자고 했을 때	"죄송합니다. "다른 물건을 보시면 어떨까요?"	이런 정도는 할 수 없지 않느냐는 그런 태도는 금물이다.
선물에 대한 물음에 대해	"보통 때의 선물입니까?" "축하 선물인지요?"	경조사를 분별하는 데 주의한다.
돈을 받았을 때	"감사합니다." "○○원 받았습니다." "○○원입니다."	이런 말은 반드시 잊지 말아야 하며, 자타의 주의를 환기하도록 한다. 어디까지나 경의를 표한다.
기한부 주문	"○○일까지 납품하게 됩니다. 그래도 되겠습니까?"	담당자와 타협한 후 반드시 약속 날짜를 어기지 않도록 한다.
희망 일시에 맞추지 못할 때	"정말 죄송합니다만 ○○일에는 맞출 수 없는데요." "○○일까지 여유를 주시기 바랍니다."	
손님이 소지품을 그 장소에 놓고 다른 곳으로 간 경우	"소지품에 주의하시기 바랍니다."	손님에게 주의를 환기시키고 분실방지에 힘쓰자.
분실물 문의를 받았을 경우	"손님이 물건을 잃어버리셨다니 안타깝습니다. 우리 판매사원이 발견했으면 업무과에 맡기게 되어 있으므로 죄송합니다만 한번 그 쪽에 알아보십시오."	되도록이면 분실물 보관소에 전화로 조회한다.
상품권으로 대금을 지불할 때	"감사합니다."	현금과 마찬가지로 결코 차별하지 말도록 한다.
판매가 끝나고 손님이 돌아갈 때"	"감사합니다. 다음에 또 들러 주십시오."	웃는 낯으로 정중히 인사한다.
손님의 순서가 혼돈되었을 때	"먼저이신지요." "먼저 오신 손님부터 순서대로 부탁드립니다."	

70 초급사원 교육교재

제 4절 판매행동 예절

판매사원에게 가장 중요시 되는 행동양식은 정열적으로 일하고자 하는 의욕에서 나오는 친절과 서비스 정신, 그리고 책임감을 바탕으로 한 성실한 업무자세입니다. 이는 모두 자신에게 주어진 임무를 소중하게 여기고 일을 사랑하는 마음이 있어야 가능한 것입니다. 그러면 바람직한 판매사원의 행동은 과연 어떠해야 하는지 알아봅시다.

1. 고객이 바라는 판매사원이란?

고객이 상품을 구입할 때 그들은 판매사원에게 다음과 같은 점을 기대하고 있다는 사실을 알아야 합니다. 이는 입장이 바뀌어 여러분이 고객의 입장이 되었다 해도 마찬가지일 것입니다.

가. 명랑하고 친절한 사원
나. 에티켓을 잘지키는 사원
다. 상품지식이 풍부한 사원
라. 유용한 상품정보를 제공해 주는 사원
마. 사지 않아도 싫은 표정을 짓지 않는 사원
바. 진지하게 자신의 의견을 말해주는 사원

제2장 판매예절 71

종로서적 책 포장지와 도안

Chongno Book Center book wrapping paper design and examples

1980~90년대 | (위)14.6×16.9 (아래) 21.0×31.0 |
이철지, 장덕연

종로서적은 김홍도의 〈서당도〉와 보신각이 그려져 있는 포장지로 책을 포장했다. 이 포장지는 종로서적을 기억하는 많은 시민들의 기억에 남아 있다.

종로서적 종이가방
Paper bags offered at
Chongno Book Center
1990년대 후반 |
(좌) 25.8 × 9.0 × 42.0
(우) 20.1 × 7.4 × 40.6 |
전세영, 이인순

종로서적 나무 손잡이
Wooden handle for a
Chongno Book Center bag
2.5 × 11.0 × 1.5 | 최영근

종로서적 비닐 가방
Plastic bag offered at
Chongno Book Center
2000년대 | 62.1 × 32.6 | 전세영

일러스트: 이재신

종로서적 카드 봉투

Card wrapper used at Chongno Book Center

1990년대 | 26.7 × 18.0 | 장덕연

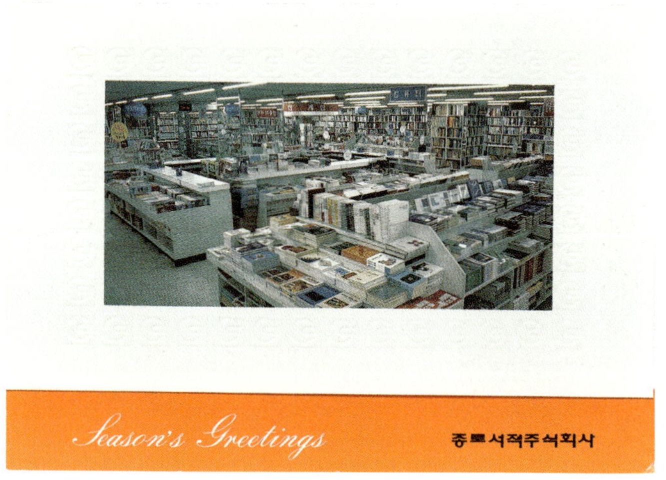

종로서적 연하장

Chongno Book Center's New Year's card

1990년대 | 13.0 × 18.5 | 이철지

종로서적에서 산 엽서 세트

Postcards bought at Chongno Book Center

1990년대 | 13.0 × 18.5 × 0.5 | 김은정

구매 확인용 종로서적 테이프가 붙어 있다.

> 개점 때는 주로 경쾌한 경음악을 배경으로 방송을 했구요,
> 폐점 때는 늘 비발디의 〈사계〉 겨울 2악장을 배경으로 안내방송을 했었어요.
>
> 전 종로서적 방송부 직원, 이정희

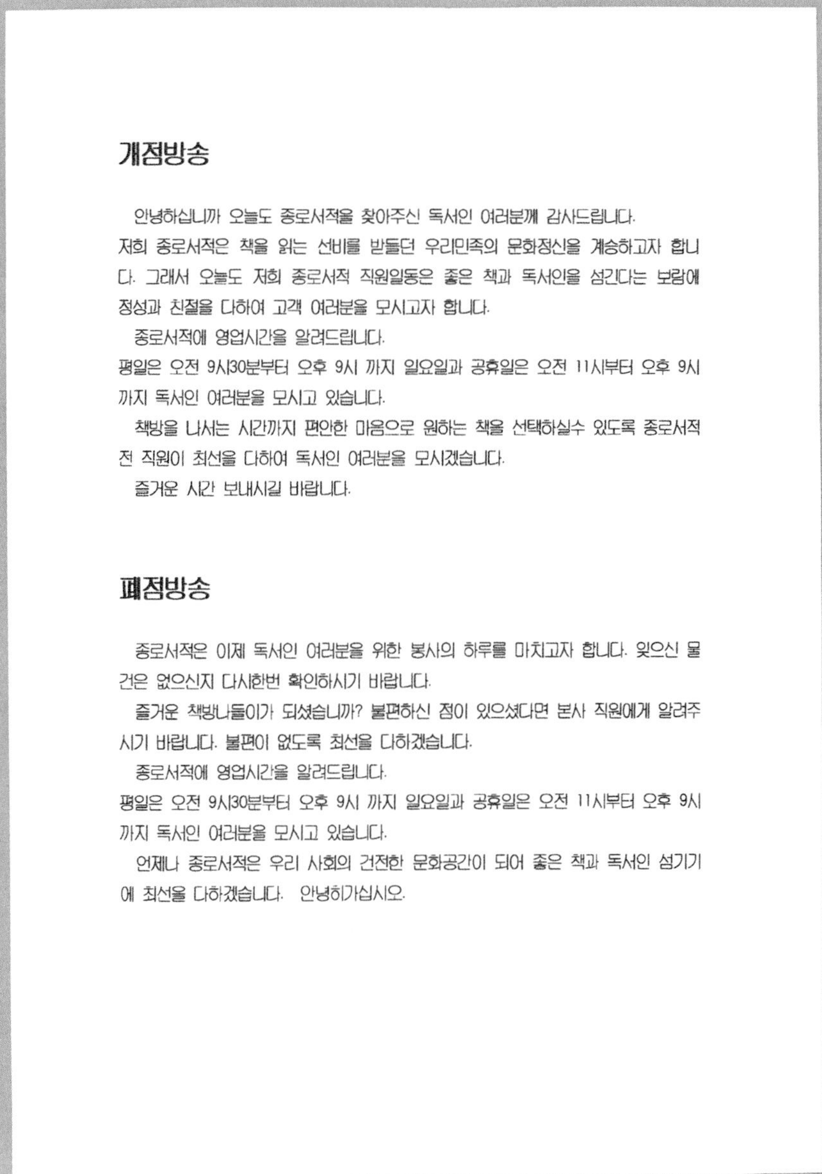

개점방송

안녕하십니까 오늘도 종로서적을 찾아주신 독서인 여러분께 감사드립니다.
저희 종로서적은 책을 읽는 선비를 받들던 우리민족의 문화정신을 계승하고자 합니다. 그래서 오늘도 저희 종로서적 직원일동은 좋은 책과 독서인을 섬긴다는 보람에 정성과 친절을 다하여 고객 여러분을 모시고자 합니다.
종로서적에 영업시간을 알려드립니다.
평일은 오전 9시30분부터 오후 9시 까지 일요일과 공휴일은 오전 11시부터 오후 9시 까지 독서인 여러분을 모시고 있습니다.
책방을 나서는 시간까지 편안한 마음으로 원하는 책을 선택하실수 있도록 종로서적 전 직원이 최선을 다하여 독서인 여러분을 모시겠습니다.
즐거운 시간 보내시길 바랍니다.

폐점방송

종로서적은 이제 독서인 여러분을 위한 봉사의 하루를 마치고자 합니다. 잊으신 물건은 없으신지 다시한번 확인하시기 바랍니다.
즐거운 책방나들이가 되셨습니까? 불편하신 점이 있으셨다면 본사 직원에게 알려주시기 바랍니다. 불편이 없도록 최선을 다하겠습니다.
종로서적에 영업시간을 알려드립니다.
평일은 오전 9시30분부터 오후 9시 까지 일요일과 공휴일은 오전 11시부터 오후 9시 까지 독서인 여러분을 모시고 있습니다.
언제나 종로서적은 우리 사회의 건전한 문화공간이 되어 좋은 책과 독서인 섬기기에 최선을 다하겠습니다. 안녕히가십시오.

개점 및 폐점 안내 방송 원고

Broadcast script for the store's opening and closing

1990년대 | 29.7 × 21.1 | 이철지

종로서적의 이념과 사훈이 잘 담겨 있는 개점 및 폐점 안내 방송 원고이다.

다양한 독자 대상 서비스

"새로 단장한
매장에서
손님들을 섬기는
저희는 행복합니다."

새로 단장한 매장에서 여러분을 모시고 있습니다.

4층 III매장

4층 II매장

4층 I매장

1층● 홍보실

종로서적을 찾는 손님들에게 도서 및 매장을 안내하고 신간 정보를 게시하기 위해 꾸며진 방. 젊은이들이 만남의 장소로서, 전갈 쪽지를 전하고 받는 약속 중계처로서 애용하고 있는 종로 거리의 명물.

2층● 기독교/중-고 교재/어린이 책/잡지

①교회 학교 교재 ②기독교 ③성서 ④잡지 ⑤어린이 ⑥여성 코너 ⑦중학 교재 ⑧고교 교재●교양 필독 도서

3층● 문예-문고/사전/음악-미술/체육-레저

①전집 ②소설 ③시-수필 ④사전 ⑤레저 코너 ⑥음악 ⑦미술 ⑧체육

4층 I 매장● 법률-정치/경제-경영/역사-철학-교육

① 대학 출판물 ②정치-법률(공무원 수험서) ③ 경제 ④경영 ⑤교육-심리 ⑥역사(고전) ⑦불교-유교 ⑧철학-사상 ⑨문학 이론

4층 II매장● 자연-공학/의학-약학/가정/외국어-카세트

①농업 ②가정 ③의학-약학 ④외국어 ⑤토목-건축 ⑥자연-과학 ⑦금속-기계 ⑧전기-전자 ⑨공업-기술

4층 III매장● FOREIGN BOOKS

영업 시간/매일 오전 9시부터 오후 9시까지 ● 정기 휴일/매월 세째 일요일

3층 매장

2층 매장

종로서적 독서 개발 서비스

●우편 판매/구입하고자 하는 도서를 언제 어디서나 우편을 통하여 주문-구입할 수 있게 마련한 제도입니다. 종로서적 특판과(직통 전화 723-3787)에서 취급합니다.

●「종합 도서 목록」 발행/국내에서 발행-판매되는 서적을 총망라하여 한 권에 수록한 종합 목록입니다. 현재, 1981년판을 종로서적 매장에서 제작 실비로써 공급하고 있읍니다. 직접 주문은 종로서적 특판과(직통전화 723-3787)로 연락하시면 됩니다.

●계간 「종로서적」 발행/독자들의 책 선택에 길잡이가 되고 독서 문화의 밑변을 다지고 넓히기 위해 잡지 형태로 꾸며 발행되는, 여엄 독자를 위한 계간 독서지입니다. 종로서적 매장에서 무료로 공급합니다.

●도서 안내/독자들의 책에 대한 문의를 받는 안내 창구입니다. 구하려는 책의 재고 유-무, 정가, 출판사, 저자 등에 대한 안내를 받을 수 있읍니다. 종로서적 대표 전화 722-2331을 거쳐 구내 555 및 556번을 불러 주시기 바랍니다.

1층 홍보실

《종로서적》 1981년 겨울호

The 1981 winter issue of *Chongno Book Center*

1981년 | 19.1 × 21.1 × 0.4 | 조유성

종로서적은 1979년 크게 확장한 이후에도 부서 재배치 등의 크고 작은 내부 공간 개선 작업을 진행하였다. 《종로서적》 1981년 겨울호에는 새단장한 매장 및 직원 사진과 함께 각 층에서 어떠한 서비스가 이루어지는지 상세하게 소개되어 있다.

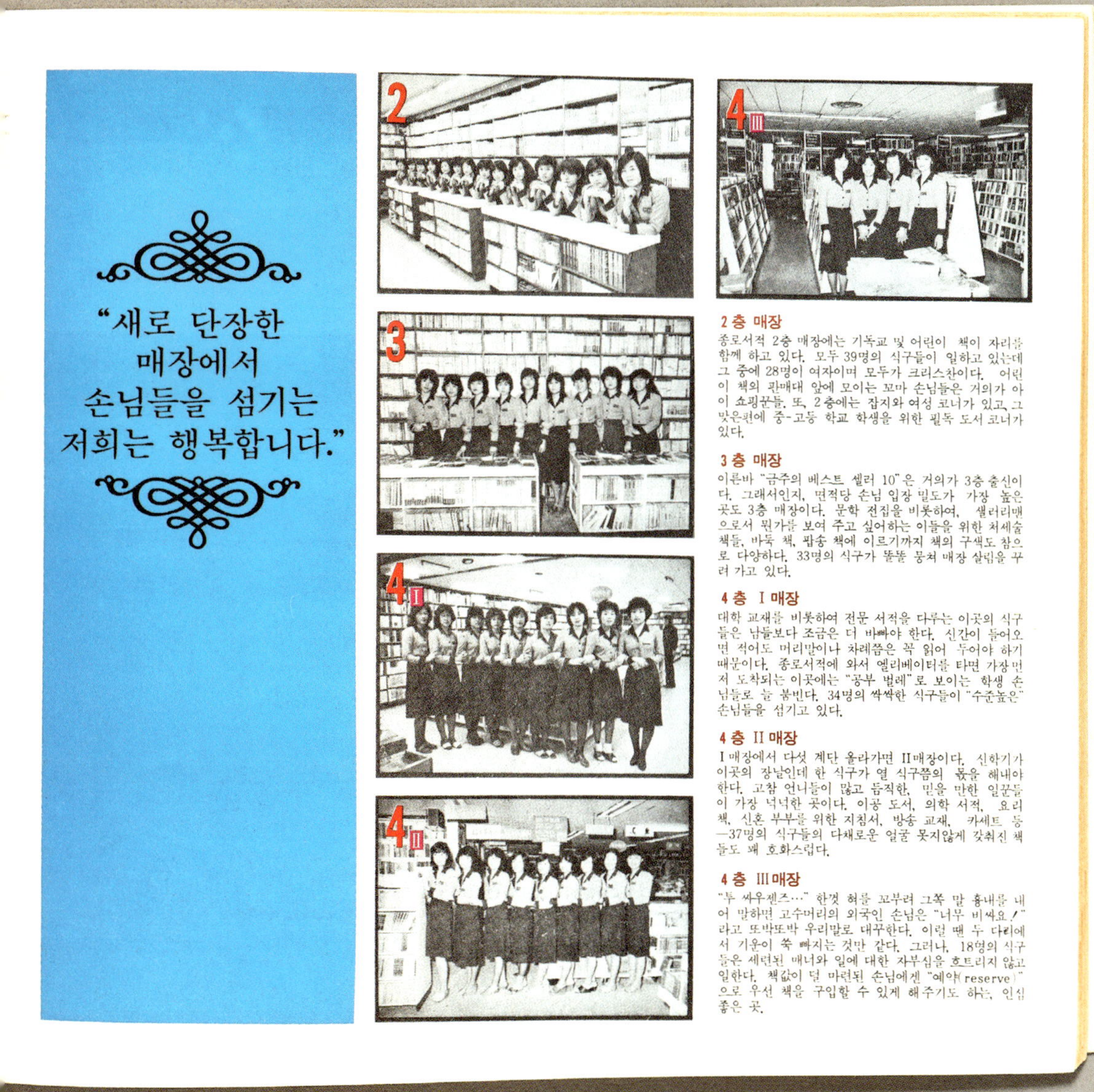

"새로 단장한 매장에서 손님들을 섬기는 저희는 행복합니다."

2층 매장

종로서적 2층 매장에는 기독교 및 어린이 책이 자리를 함께 하고 있다. 모두 39명의 식구들이 일하고 있는데 그 중에 28명이 여자이며 모두가 크리스찬이다. 어린이 책의 판매대 앞에 모이는 꼬마 손님들은 거의가 아이 쇼핑꾼들. 또, 2층에는 잡지와 여성 코너가 있고, 그 맞은편에 중-고등 학교 학생을 위한 필독 도서 코너가 있다.

3층 매장

이른바 "금주의 베스트 셀러 10"은 거의가 3층 출신이다. 그래서인지, 면적당 손님 입장 밀도가 가장 높은 곳도 3층 매장이다. 문학 전집을 비롯하여, 샐러리맨으로서 뭔가를 보여 주고 싶어하는 이들을 위한 처세술 책들, 바둑 책, 팝송 책에 이르기까지 책의 구색도 참으로 다양하다. 33명의 식구가 똘똘 뭉쳐 매장 살림을 꾸려 가고 있다.

4층 I 매장

대학 교재를 비롯하여 전문 서적을 다루는 이곳의 식구들은 남들보다 조금은 더 바빠야 한다. 신간이 들어오면 적어도 머리말이나 차례쯤은 꼭 읽어 두어야 하기 때문이다. 종로서적에 와서 엘리베이터를 타면 가장 먼저 도착되는 이곳에는 "공부 벌레"로 보이는 학생 손님들로 늘 붐빈다. 34명의 싹싹한 식구들이 "수준높은" 손님들을 섬기고 있다.

4층 II 매장

I 매장에서 다섯 계단 올라가면 II매장이다. 신학기가 이곳의 장날인데 한 식구가 열 식구쯤의 몫을 해내야 한다. 고참 언니들이 많고 듬직한, 믿을 만한 일꾼들이 가장 넉넉한 곳이다. 이공 도서, 의학 서적, 요리책, 신혼 부부를 위한 지침서, 방송 교재, 카세트 등—37명의 식구들의 다채로운 얼굴 못지않게 갖춰진 책들도 꽤 호화스럽다.

4층 III 매장

"두 싸우젠즈…" 한껏 혀를 꼬부려 그쪽 말 흉내를 내어 말하면 고수머리의 외국인 손님은 "너무 비싸요!"라고 또박또박 우리말로 대꾸한다. 이럴 땐 두 다리에서 기운이 쑥 빠지는 것만 같다. 그러나, 18명의 식구들은 세련된 매너와 일에 대한 자부심을 흐트리지 않고 일한다. 책값이 덜 마련된 손님에겐 "예약(reserve)"으로 우선 책을 구입할 수 있게 해주기도 하는, 인심 좋은 곳.

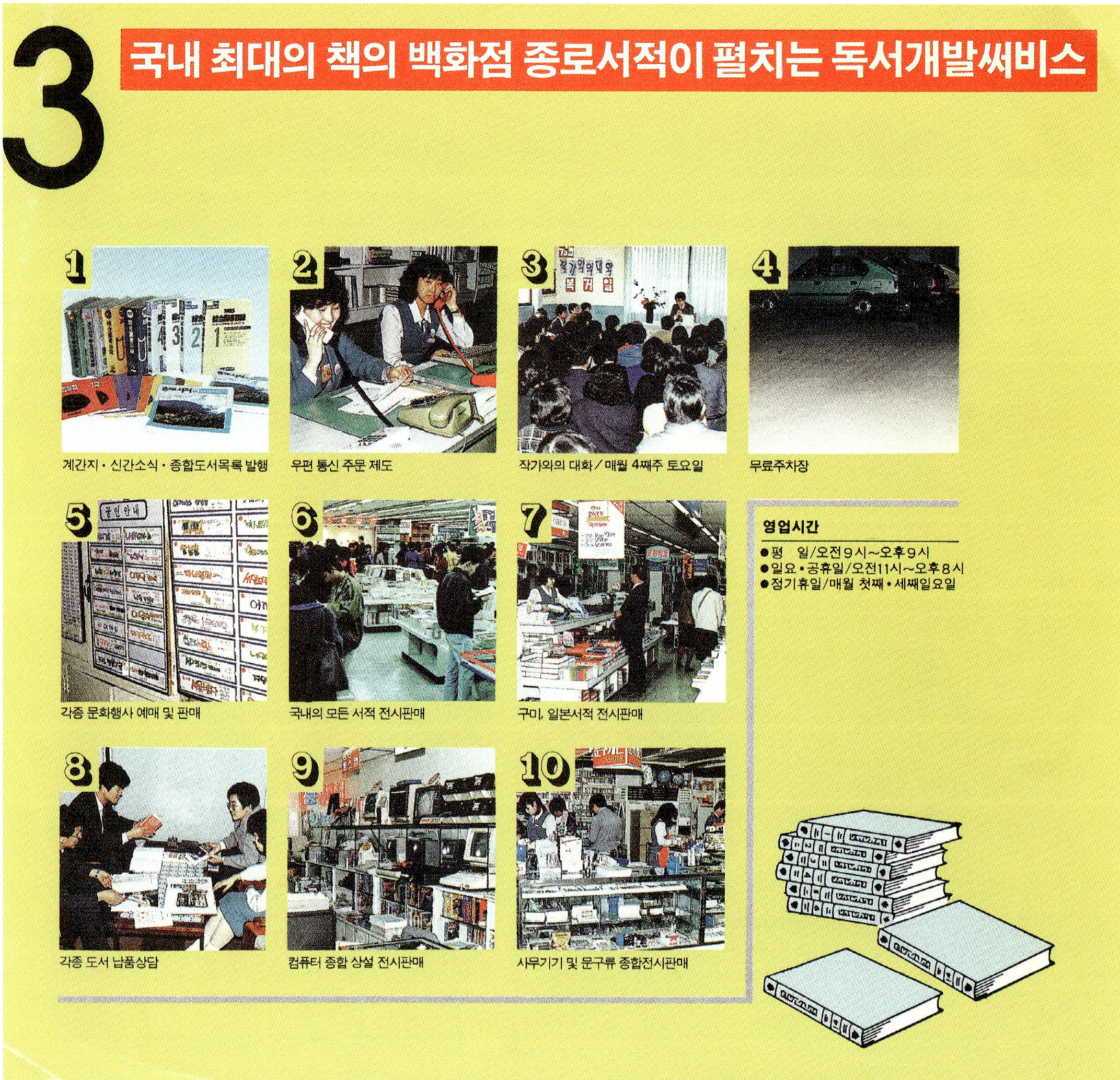

종로서적 안내서

Chongno Book Center brochure

1987년 | 19.2 × 20.8 | 전세영

1987년 신관 출입구를 개방한 이후의 매장 안내도가 실린 종로서적 안내서이다. 마지막 장에는 종로서적의 독자들을 위한 다양한 서비스 10가지를 소개하고 있다.

종로서적 이야기

The Story of Chongno Book Center

1993년 | 25.6 × 18.6 × 0.1 | 이철지, 장덕연

종로서적의 홍보 안내물로 종로서적의 이념과 사훈이 수록되어 있다. 「사업 및 서비스 내용」에는 종로서적이 추진하는 다양한 독자 대상 서비스를 비롯한 사업 내용들이 구체적으로 정리되어 있다.

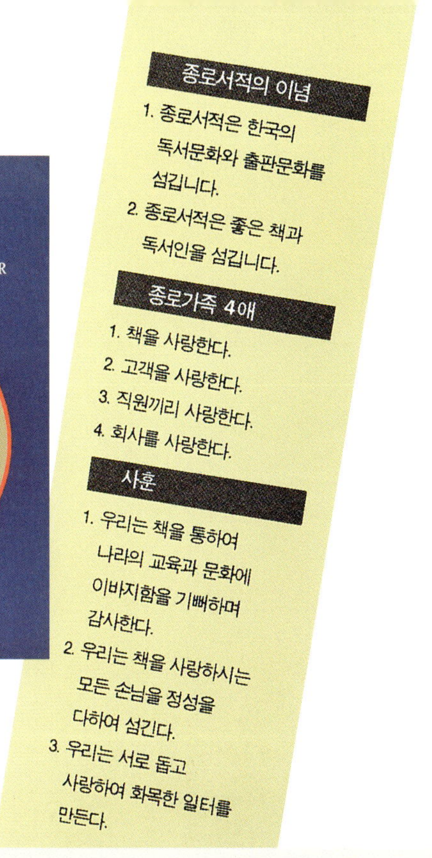

종로서적의 이념

1. 종로서적은 한국의 독서문화와 출판문화를 섬깁니다.
2. 종로서적은 좋은 책과 독서인을 섬깁니다.

종로가족 4애

1. 책을 사랑한다.
2. 고객을 사랑한다.
3. 직원끼리 사랑한다.
4. 회사를 사랑한다.

사훈

1. 우리는 책을 통하여 나라의 교육과 문화에 이바지함을 기뻐하며 감사한다.
2. 우리는 책을 사랑하시는 모든 손님을 정성을 다하여 섬긴다.
3. 우리는 서로 돕고 사랑하여 화목한 일터를 만든다.

사업 및 서비스 내용

국내서적

국내에서 출판되는 거의 모든 양질의 도서를 독자들에게 공급한다. 5,300개의 거래 출판사로부터 약 180,000종 1,600,000권의 책을 진열 판매하고 있으며, 입고되는 신간 도서를 즉시 컴퓨터에 데이타베이스화하여 여러가지 방법으로 독자나 언론 계통에 도서정보를 제공한다.

- 성경 · 찬송가 공급처
- 각종교과서 취급
- 방송통신대학교재 지정 배부처
- 예매권
- 각종 대학 및 사관학교 입학원서
- 정부간행물

외국서적

미국,영국,일본 동남아시아 등 300여개 외국 출판사로부터 학술, 연구도서, 대학교재, 포켓북, 어린이 도서, 사전 및 어학도서 등 다양한 도서를 수입하여 독자들에게 공급한다.

수입된 도서는 컴퓨터로 데이타베이스화하여 도서의 재고 유무와 필요한 분야의 도서를 검색하는 데 활용하고 일년에 두 번 수입도서 목록을 발행한다. 또 개인이나 단체로부터 도서 수입의뢰를 받기도 한다.

컴퓨터 도서안내 시스템

자체 구축한 도서검색시스템을 서점내 전 매장에 설치하여 보다 정확하고 신속한 도서안내를 하고 있다.

다양한 국내도서 약 18만종을 수록한 도서검색시스템은 도서명이나 저자, 출판사명으로 도서의 서가위치는 물론, 간단한 초록까지 제공하는 기능을 갖추고 있어 종로서적을 찾는 독서인들에게 최상의 서비스를 제공한다.

특판

대학, 회사, 연구기관, 단체, 도서관 등에서 필요한 다량의 도서를 납품한다. 장서 및 학술연구용 도서를 수입 보급하고 국내도서를 해외에 수출하기도 한다.

또 첨단 컴퓨터 기술 분야의 새로운 정보를 체계적이고 신속하게 제공하는 DATAPRO (컴퓨터, 통신, 금융, 사무 및 공장자동화), NBI REPORT(통신사별 시장전략과 기술동향 그리고 지역 별 통신시장에 대한 분석), NSIL(PC와 하드웨어의 성능 비교 테스트와 검증을 밀도있게 다룬 자료)를 국내에 단독 공급한다.

통신판매

서점에 직접 나올 수 없는 고객을 위하여 전화나 우편으로 주문을 받아 상품을 우송하는 편리한 제도이다. 서울은 물론 지방 곳곳까지 국내외 도서를 비롯 문구, 컴퓨터, 예매권 등을 신속하게 공급한다. 회원에게는 여러가지 특전도 제공한다.

정기 간행물 수입

외국의 전문학술지, 정기간행물, 저널 등을 수입하여 대학, 연구소, 관공서, 언론단체, 기업체 등 국가발전의 중추가 되는 곳에 보급하고 있다.

현재 취급 품목은 약 4,000여 가지이며 계속 증가하고 있다.

컴퓨터 · 사무자동화기기

정보의 가치가 가장 중요시되는 현대사회의 요구에 따라 OA사업을 적극적으로 벌이고 있다. 국내 유수의 회사 제품인 컴퓨터, 복사기, 팩시밀리, 워드프로세서, 타자기, 계산기, 전자사전과 각종 전산 소모품을 고객에게 공급하고 아프터 서비스와 사용자 교육도 실시한다.

또 각종 소프트웨어는 물론 출판사 및 서점업무의 전산화를 위한 "출판영업 관리시스템"을 개발하여 거래처에 공급한다.

문구

현대사회에 필수적인 사무용품, 화방용품, 제도용품, 팬시용품을 최신 감각으로 디자인된 상품위주로 취급한다.

종로서적 고유의 문구 브랜드 '모던터치'로 새로운 상품을 개발하여 고객에게 공급하기도 한다.

레코드

현대인의 쾌적한 생활공간을 만들어주는 레코드, 컴팩트디스크, 레이저디스크, 음악비디오, 오디오 부품을 취급한다.

'뮤직훼밀리제도'를 운영하여 회원에게 각종 특전을 제공하기도 한다.

출판

양서를 출판하여 독서인구의 저변확대를 통해 문화창달에 기여하고자 1978년부터 시작되었다.

'현대철학시리즈' '현대사상시리즈' '믿음의 시선' '명시시리즈' '글쓰기서당' '종울림신서'를 비롯하여 종교 · 신앙 · 문학 · 철학 · 심리학 · 교육 · 사회학 등 국내 유명 필진에 의한 양서 500여 종을 출판하였다.

또 출판대행 및 판매대행도 하고 있다.

작가와의 대화

보다 나은 독서풍토를 조성하고자 독자와 작가가 만나 대화할 수 있는 자리를 정기적으로 마련한다. 매월 마지막 주 토요일 오후 4시 종로서적 7층 휴게실에서 열리는 '작가와의 대화'는 이미 100회를 넘어섰으며 국내의 유명한 소설가, 시인, 수필가, 저술가가 초빙되었다.

도서정보 제공 서비스

- 독자, 언론 매체, 그밖의 기관에 신속하고 편리한 도서정보를 제공하기 위하여 여러가지 서비스 업무를 한다.
- 신간서적이 입고되는 대로 데이타베이스화하여 도서검색시스템을 운영한다. PC통신을 통해 가입자들에게 주간 베스트, 서점가 동향, 신간정보 등을 제공한다.
- 전화로 도서 안내를 한다.

주간, 월간, 계간으로 도서정보지를 발행하여 무료배포한다.

- 국내에서 유통되는 총도서에 관한 '연간도서목록'과 '종합도서목록'을 발행한다.

도매영업

종로서적 자체 출판물 공급 및 총판 및 위탁판매를 위임받아 전국서점에 공급한다.

방송대 교재 배부처 '종로서적 마로니에점' 운영

방송대학생들의 편의를 도모하고자 종로구 동숭동에 100평 규모의 서점을 1993년 개점하여 운영하고 있다. 방송대 학생의 교재는 물론 관련 도서들을 취급한다.

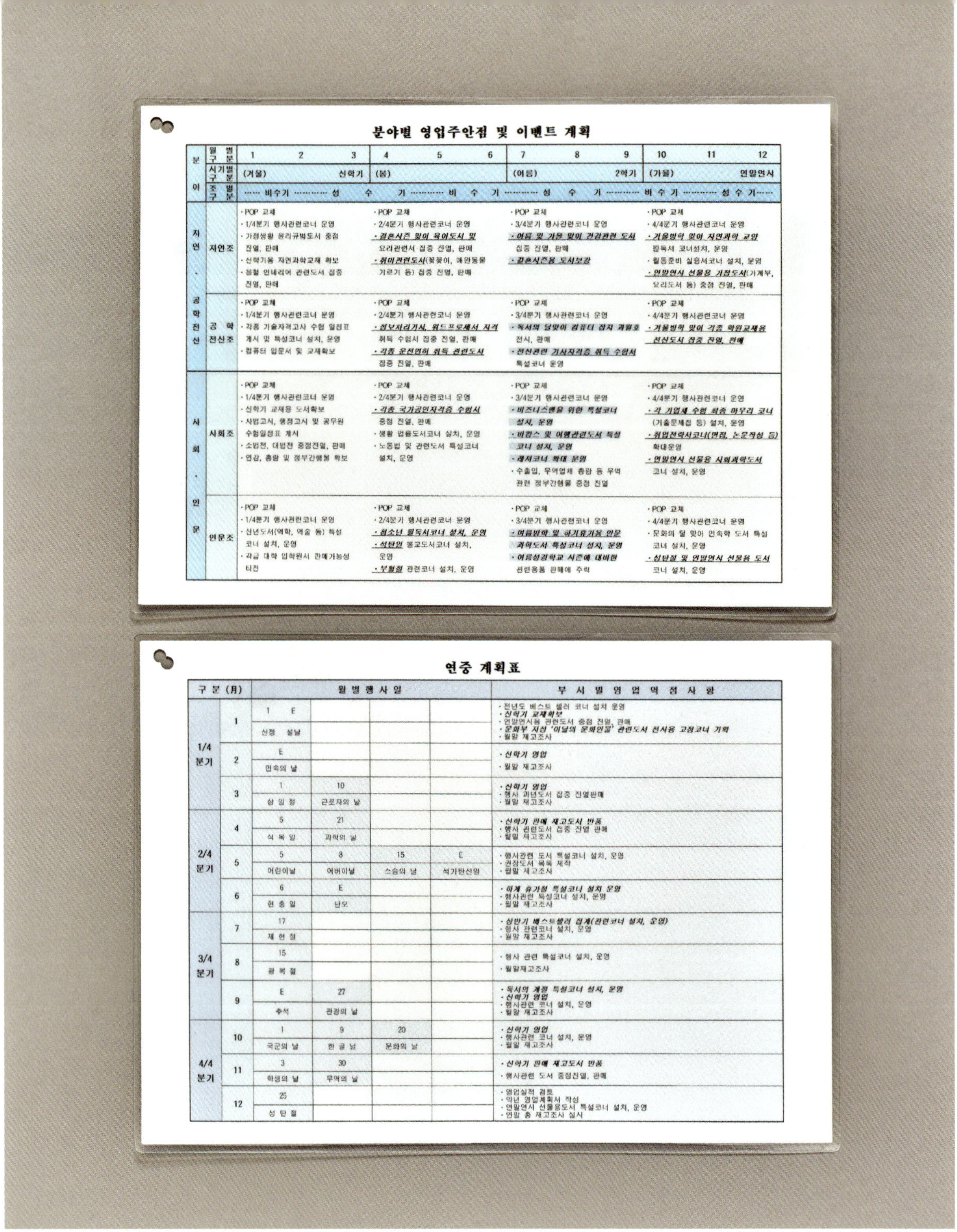

분야별 영업주안점 및 이벤트 계획

분야	월별 구분	1 2 3	4 5 6	7 8 9	10 11 12
	시기별 구분	(겨울) 신학기	(봄)	(여름) 2학기	(가을) 연말연시
	조별 구분	…… 비수기 ………… 성 수	기 ………… 비 수 기	………… 성 수 기 …………	비 수 기 ………… 성 수 기……
자연·공학전산	자연조	·POP 교체 ·1/4분기 행사관련코너 운영 ·가정생활 윤리규범도서 중점 진열, 판매 ·신학기용 자연과학교재 확보 ·봄철 인테리어 관련도서 집중 진열, 판매	·POP 교체 ·2/4분기 행사관련코너 운영 ·결혼시즌 맞이 육아도서 및 요리관련서 집중 진열, 판매 ·취미관련도서(꽃꽂이, 애완동물 기르기 등) 집중 진열, 판매	·POP 교체 ·3/4분기 행사관련코너 운영 ·여름 및 가을 맞이 건강관련 도서 집중 진열, 판매 ·결혼시즌용 도서보강	·POP 교체 ·4/4분기 행사관련코너 운영 ·겨울방학 맞이 자연과학 교양 필독서 코너설치, 운영 ·월동준비 실용서코너 설치, 운영 ·연말연시 선물용 가정도서(가계부, 요리도서 등) 중점 진열, 판매
자연·공학전산	공학전산조	·POP 교체 ·1/4분기 행사관련코너 운영 ·각종 기술자격고사 수험 일정표 게시 및 특설코너 설치, 운영 ·컴퓨터 입문서 및 교재확보	·POP 교체 ·2/4분기 행사관련코너 운영 ·정보처리기사, 워드프로세서 자격 취득 수험서 집중 진열, 판매 ·각종 운전면허 취득 관련도서 집중 진열, 판매	·POP 교체 ·3/4분기 행사관련코너 운영 ·독서의 달맞이 컴퓨터 잡지 과월호 전시, 판매 ·전산관련 기사자격증 취득 수험서 특설코너 운영	·POP 교체 ·4/4분기 행사관련코너 운영 ·겨울방학 맞이 각종 학원교재용 전산도서 집중 진열, 판매
사회·인문	사회조	·POP 교체 ·1/4분기 행사관련코너 운영 ·신학기 교재용 도서확보 ·사법고시, 행정고시 및 공무원 수험일정표 게시 ·소법전, 대법전 중점진열, 판매 ·연감, 총람 및 정부간행물 확보	·POP 교체 ·2/4분기 행사관련코너 운영 ·각종 국가공인자격증 수험서 중점 진열, 판매 ·생활 법률도서코너 설치, 운영 ·노동법 및 관련도서 특설코너 설치, 운영	·POP 교체 ·3/4분기 행사관련코너 운영 ·비즈니스맨을 위한 특설코너 설치, 운영 ·바캉스 및 여행관련도서 특설 코너 설치, 운영 ·레저코너 확대 운영 ·수출입, 무역업체 총람 등 무역 관련 정부간행물 중점 진열	·POP 교체 ·4/4분기 행사관련코너 운영 ·각 기업체 수험 최종 마무리 코너 (기출문제집 등) 설치, 운영 ·취업전략서코너(면접, 논문작성 등) 확대운영 ·연말연시 선물용 사회과학도서 코너 설치, 운영
사회·인문	인문조	·POP 교체 ·1/4분기 행사관련코너 운영 ·신년도서(역학, 역술 등) 특설 코너 설치, 운영 ·각급 대학 입학원서 판매가능성 타진	·POP 교체 ·2/4분기 행사관련코너 운영 ·청소년 필독서코너 설치, 운영 ·석탄일 불교도서코너 설치, 운영 ·부활절 관련코너 설치, 운영	·POP 교체 ·3/4분기 행사관련코너 운영 ·여름방학 및 하기휴가용 인문 과학도서 특설코너 설치, 운영 ·여름성경학교 시즌에 대비한 관련용품 판매에 주력	·POP 교체 ·4/4분기 행사관련코너 운영 ·문화의 달 맞이 민속학 도서 특설 코너 설치, 운영 ·성탄절 및 연말연시 선물용 도서 코너 설치, 운영

연중 계획표

구분(月)		월별행사일				부서별 영업역점사항
1/4분기	1	1 신정 / E 설날				·전년도 베스트 셀러 코너 설치 운영 ·신학기 교재확보 ·연말연시용 관련도서 중점 진열, 판매 ·문화부 지정 '이달의 문화인물' 관련도서 전시용 고정코너 기획 ·월말 재고조사
1/4분기	2	E 민속의 날				·신학기 영업 ·월말 재고조사
1/4분기	3	1 삼일절	10 근로자의 날			·신학기 영업 ·행사 과년도서 집중 진열판매 ·월말 재고조사
2/4분기	4	5 식목일	21 과학의 날			·신학기 판매 재고도서 반품 ·행사 관련도서 집중 진열 판매 ·월말 재고조사
2/4분기	5	5 어린이날	8 어버이날	15 스승의 날	E 석가탄신일	·행사관련 도서 특설코너 설치, 운영 ·권장도서 목록 제작 ·월말 재고조사
2/4분기	6	6 현충일	E 단오			·하계 휴가철 특설코너 설치 운영 ·행사관련 특설코너 설치, 운영 ·월말 재고조사
3/4분기	7	17 제헌절				·상반기 베스트셀러 집계(관련코너 설치, 운영) ·행사 관련코너 설치, 운영 ·월말 재고조사
3/4분기	8	15 광복절				·행사 관련 특설코너 설치, 운영 ·월말재고조사
3/4분기	9	E 추석	27 관광의 날			·독서의 계절 특설코너 설치, 운영 ·신학기 영업 ·행사관련 코너 설치, 운영 ·월말 재고조사
4/4분기	10	1 국군의 날	9 한글날	20 문화의 날		·신학기 영업 ·행사관련 코너 설치, 운영 ·월말 재고조사
4/4분기	11	3 학생의 날	30 무역의 날			·신학기 판매 재고도서 반품 ·행사관련 도서 중점진열, 판매
4/4분기	12	25 성탄절				·영업실적 검토 ·익년 영업계획서 작성 ·연말연시 선물용도서 특설코너 설치, 운영 ·연말 총 재고조사 실시

종로서적 연중계획표와 분야별 영업 주안점 및 이벤트 계획

Year-round business plan of Chongno Book Center &
Business focus and event plans by category

1990년대 | 각 21.6×30.5 | 이철지

연중 부서별 영업 역점 사항이 표시된 연중계획표와
각 분야마다 분기별 도서전시회 등의 판촉행사들이 적혀 있는 부서별 계획표이다.
2~3월은 신학기를, 5월은 가정의 달 및 어린이날을, 7~8월은 여름 방학 및 휴가를,
9~10월은 독서의 계절 및 문학상을, 12월은 연말연시를 겨냥한 행사 계획 등이 눈에 띈다.

분야별 영업주안점 및 이벤트 계획

분야	구분	1　2　3	4　5　6	7　8　9	10　11　12
	시기별 구분	(겨울)　신학기	(봄)	(여름)　2학기	(가을)　연말연시
	조별 구분	…… 비수기 ………… 성　수	기 ………… 비　수　기	………… 성　수　기	………… 비 수 기 ………… 성 수 기……
어린이·중고학습	어린이조	· POP 교체 · 1/4분기 행사관련코너 운영 · 겨울방학 과제물 관련 도서 중점 진열, 판매	· POP 교체 · 2/4분기 행사관련코너 운영 · ***어린이날 특설코너 설치*** · 어린이날 이벤트 기획 · 어린이 도서 연합광고 게재	· POP 교체 · 3/4분기 행사관련코너 운영 · ***여름방학 과제물 관련 도서*** 집중 진열, 판매 · ***독서의 계절 대비 어린이 우량 도서 코너 설치, 운영***	· POP 교체 · 4/4분기 행사관련코너 운영 · ***연말연시 어린이 선물도서코너*** 설치, 운영
	중고학습조	· POP 교체 · 1/4분기 행사관련코너 운영 · 신학기 참고서 및 자습서 중점 진열, 판매 · 각급 학교 신입생용 도서구비	· POP 교체 · 2/4분기 행사관련코너 운영 · ***중고생용 청소년 교양도서*** 코너 설치, 운영	· POP 교체 · 3/4분기 행사관련코너 운영 · ***여름방학 과제물 도서 및 중고 특강 교재 진열, 판매*** · 독서의 계절 맞이 청소년 우량 필독서 코너 설치, 운영	· POP 교체 · 4/4분기 행사관련코너 운영 · ***겨울방학 특강교재 구비*** · ***진학대비서 및 자료서 중점진열,판매*** · ***각 학원 취급 학습지 섭외, 진열판매*** · ***수험자료 게시판을 설치하여 수험*** 정보 제공
문학·예술	문학조	· POP 교체 · 1/4분기 행사관련코너 운영 · 졸업, 입학시즌 선물용 도서 코너 설치, 운영 · 전년 베스트셀러 역점 판매 · 유명작가 사인회 유치계획 수립 · 각 신문 신춘문예 당선작 특설 코너 설치, 운영	· POP 교체 · 2/4분기 행사관련코너 운영 · ***가정의 달 맞이 우수도서 코너*** 설치, 운영 · 휴가철 대비 레크레이션 도서보강	· POP 교체 · 3/4분기 행사관련코너 운영 · ***독서의 계절 대비 독서감상문 및 교양도서코너 설치, 운영*** · ***각종 문학상 수상작 전시, 판매 코너 설치, 운영***	· POP 교체 · 4/4분기 행사관련코너 운영 · ***연말연시 선물용 도서코너 설치,*** 운영
	예술조	· POP 교체 · 1/4분기 행사관련코너 운영 · 신년도서 특설코너(취미, 오락등) 설치, 운영	· POP 교체 · 2/4분기 행사관련코너 운영 · ***분야별 예술 필독서 권장코너*** 설치, 운영	· POP 교체 · 3/4분기 행사관련코너 운영 · ***각종 예술제 관련 도서 집중 진열,*** 판매	· POP 교체 · 4/4분기 행사관련코너 운영 · ***예, 체능계 학력고사 대비 실기*** 교재 중점 진열, 판매 · ***연말연시 취미관련 선물도서코너*** 설치, 운영

분야별 영업주안점 및 이벤트 계획

분야	구분	1　2　3	4　5　6	7　8　9	10　11　12
	시기별 구분	(겨울)　신학기	(봄)	(여름)　2학기	(가을)　연말연시
	조별 구분	…… 비수기 ………… 성　수	기 ………… 비　수　기	………… 성　수　기	………… 비 수 기 ………… 성 수 기……
예매권·잡지·사전·외국어	예매권/잡지조	· POP교체 · 1/4분기 행사관련코너 운영 · 대학진학 관련지 진열, 판매 · 잡지 분야별 해당 매장과 연계 판매 · 창간호 잡지 유치 · 봄철대비 각종 예매권 유치	· POP 교체 · 2/4분기 행사관련코너 운영 · 레저 및 취미관련도서 진열, 판매	· POP 교체 · 3/4분기 행사관련코너 운영 · ***휴가철 관련 관광안내지 및 여성지*** 판매 · 가을철 대비 각종 예매권 유치	· POP 교체 · 4/4분기 행사관련코너 운영 · ***대학진학 관련지 진열, 판매*** · ***연말연시 대비 여성지 및 가계부*** 진열, 판매
	외국어/사전조	· POP교체 · 1/4분기 행사관련코너 운영 · 졸업, 입학시즌 맞이 일반 사전류 선물코너 설치 · 신학기 대비 수입사전 구비 · 겨울방학 특강교재 (TOEFL/VOCABULARY등)진열, 판매 · 어학교재 TAPE 및 VIDEO 홍보	· POP 교체 · 2/4분기 행사관련코너 운영 · ***비수기 대비 중, 저가사전류*** 확대진열 · 학원과 연계하여 각종 어학교재 채택, 진열, 판매 · ***각종 외국어 시험정보 안내 코너*** 설치, 운영	· POP 교체 · 3/4분기 행사관련코너 운영 · ***외국어 기초, 입문도서 및 TAPE, VIDEO*** 특별전시, 판매	· POP 교체 · 4/4분기 행사관련코너 운영 · ***영한, 한영, 국어사전, 옥편 등 대사전류 특설판매코너 설치*** · ***겨울방학 특강용 어학교재 확보,*** 특설코너 설치 운영
외국서적	원서조	· POP 교체 · 1/4분기 행사관련코너 운영 · 고전문학 작품류 어린이 어학교재 (방학맞이) 중점 진열, 판매 · 졸업 및 입학시즌 대비 사전, 어학교재 특설코너 설치, 운영 · 수입도서목록 각 단체에 발송, 홍보 · 재고도서 할인판매 기획	· POP 교체 · 2/4분기 행사관련코너 운영 · ***외국 어린이도서 특설코너 설치***, 운영 · 어린이 도서전시회 기획 · 수입 일서목록 분야별 제작 발송	· POP 교체 · 3/4분기 행사관련코너 운영 · ***해외여행 안내 및 각국 지도*** 집중진열, 판매 · ***2학기용 사전, 어학교재 확보*** · 외국잡지 확보	· POP 교체 · 4/4분기 행사관련코너 운영 · 연말연시 선물용 도서코너 운영 · 외국의 연하장 및 카드/카렌다 특설코너 설치, 운영
	자연 교재계	· POP 교체 · 1/4분기 행사관련코너 운영 · 수입어학교재 확보 · 신학기 수입교재 확보 · 해답집, SCHAUM 시리즈 등 부교재 확보	· POP 교체 · 2/4분기 행사관련코너 운영 · 교재 중심의 영업활성화 도모 · 일반기업체 참고 수입서적 파악 집중 진열	· POP 교체 · 3/4분기 행사관련코너 운영 · 수입어학교재 중심 영업 · 수입도서목록 제작 · 주문발주 준비	· POP 교체 · 4/4분기 행사관련코너 운영 · 연말연시 선물용 도서코너 설치, 운영 · 수입사전류 특설코너 설치, 운영
	인문 교재계	· POP 교체 · 1/4분기 행사관련코너 운영 · 수입 어학 교재 확보 · 신학기 수입교재 확보	· POP 교체 · 2/4분기 행사관련코너 운영 · 교재 중심의 영업활성화 도모 · 일반기업체 참고 수입서적 파악 집중 진열	· POP 교체 · 3/4분기 행사관련코너 운영 · 수입어학교재 중심 영업 · 수입도서목록 제작 · 주문발주 준비	· POP 교체 · 4/4분기 행사관련코너 운영 · 연말연시 선물용 도서코너 설치, 운영 · 수입사전류 특설코너 설치, 운영

도서 전시회

각 부서마다 시기에 맞는 행사가 있었어요.
어린이 코너는 어린이날 행사라던가, 교재 코너에는 3월 신학기 행사 같은...
특히 신학기 행사 때는 사람이 많아서 층계를 오르내리기도 힘들고,
발 디딜 틈이 없어요.

전 종로서적 직원, 김상녕

어린이 도서 큰 잔치 광고

《동아일보》 1984년 5월 3일

어린이 도서 큰잔치 모습

1980년대 | 김소진

봄맞이 여성교양 기획판매전 모습
1980년대 | 김소진

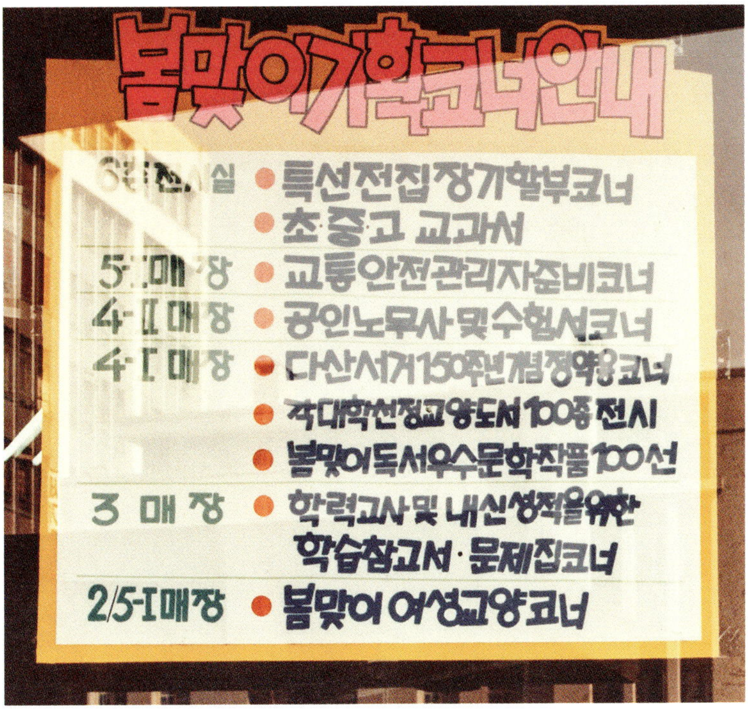

각종 봄맞이 기획코너 안내 POP
1980년대 | 김소진

오래된 출판사들 돌다가 1950~60년대 책 재고가 쌓여있는 걸 보고 기획한 거였어요.
그중에서도 희귀 도서들은 고서점에 가면 몇만 원 하거든요.
근데 그런 책들을 판매 당시 정가 그대로 팔았어요. 난리가 났죠.
엄청 싸게 파는 거니까요. 제주도에서도 비행기 타고 오기도 하고,
근처 여관에서 기다리고 있다가 문 열면 몰려들고 그랬죠.

전 종로서적 직원, 조유성

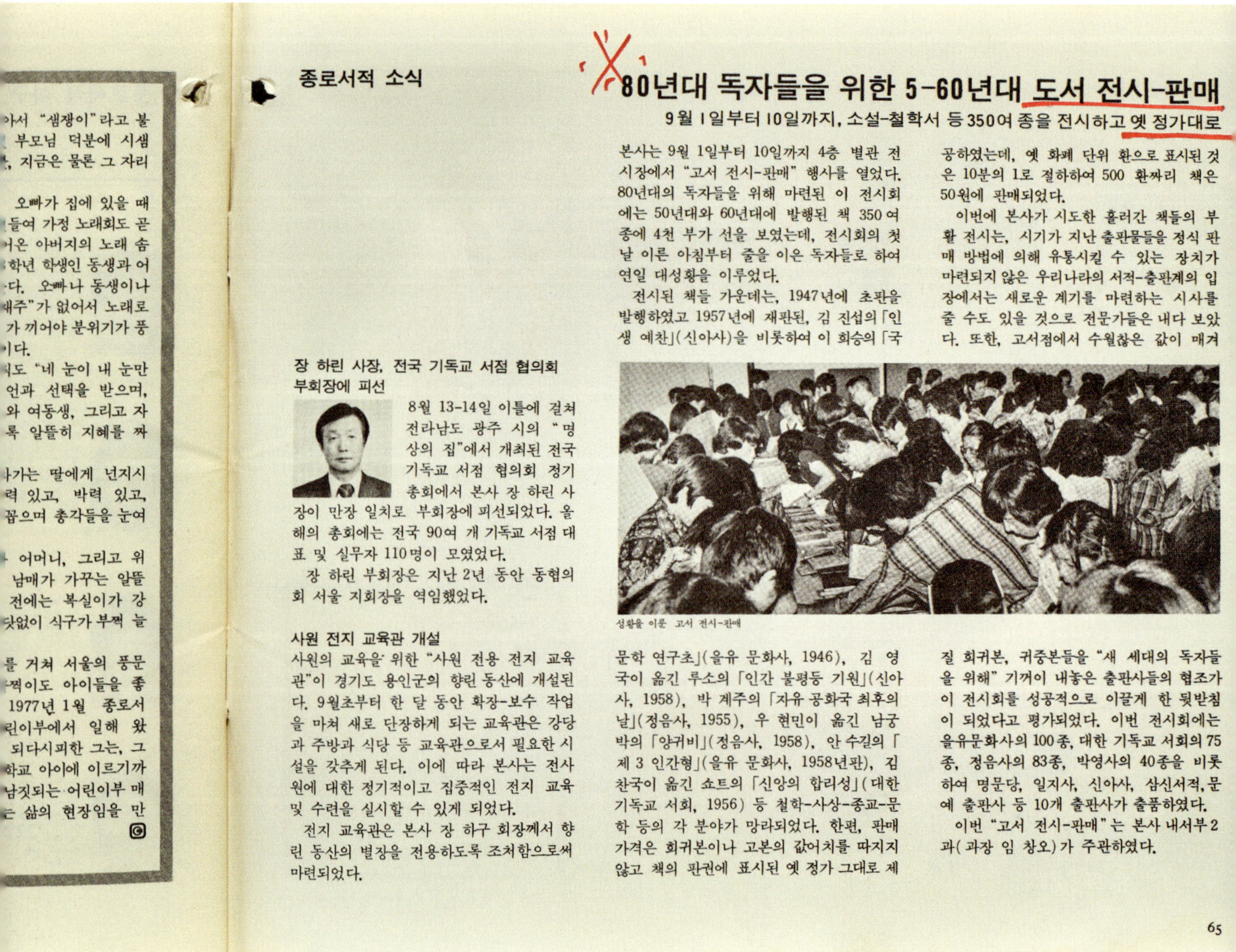

종로서적 소식

80년대 독자들을 위한 5-60년대 도서 전시-판매

9월 1일부터 10일까지, 소설-철학서 등 350여 종을 전시하고 옛 정가대로

본사는 9월 1일부터 10일까지 4층 별관 전시장에서 "고서 전시-판매" 행사를 열었다. 80년대의 독자들을 위해 마련된 이 전시회에는 50년대와 60년대에 발행된 책 350여 종에 4천 부가 선을 보였는데, 전시회의 첫날 이른 아침부터 줄을 이은 독자들로 하여 연일 대성황을 이루었다.

전시된 책들 가운데는, 1947년에 초판을 발행하였고 1957년에 재판된, 김 진섭의「인생 예찬」(신아사)을 비롯하여 이 희승의「국문학 연구초」(을유 문화사, 1946), 김 영국이 옮긴 루소의「인간 불평등 기원」(신아사, 1958), 박 계주의「자유 공화국 최후의 날」(정음사, 1955), 우 현민이 옮긴 남궁박의「양귀비」(정음사, 1958), 안 수길의「제 3 인간형」(을유 문화사, 1958년판), 김 찬국이 옮긴 쇼트의「신앙의 합리성」(대한 기독교 서회, 1956) 등 철학-사상-종교-문학 등의 각 분야가 망라되었다. 한편, 판매 가격은 희귀본이나 고본의 값어치를 따지지 않고 책의 판권에 표시된 옛 정가 그대로 제공하였는데, 옛 화폐 단위 환으로 표시된 것은 10분의 1로 절하하여 500 환짜리 책은 50원에 판매되었다.

이번에 본사가 시도한 흘러간 책들의 부활 전시는, 시기가 지난 출판물들을 정식 판매 방법에 의해 유통시킬 수 있는 장치가 마련되지 않은 우리나라의 서적-출판계의 입장에서는 새로운 계기를 마련하는 시사를 줄 수도 있을 것으로 전문가들은 내다 보았다. 또한, 고서점에서 수월찮은 값이 매겨질 희귀본, 귀중본들을 "새 세대의 독자들을 위해" 기꺼이 내놓은 출판사들의 협조가 이 전시회를 성공적으로 이끌게 한 뒷받침이 되었다고 평가되었다. 이번 전시회에는 을유문화사의 100종, 대한 기독교 서회의 75종, 정음사의 83종, 박영사의 40종을 비롯하여 명문당, 일지사, 신아사, 삼신서적, 문예 출판사 등 10개 출판사가 출품하였다.

이번 "고서 전시-판매"는 본사 내서부 2과(과장 임 창오)가 주관하였다.

성황을 이룬 고서 전시-판매

장 하린 사장, 전국 기독교 서점 협의회 부회장에 피선

8월 13-14일 이틀에 걸쳐 전라남도 광주 시의 "명상의 집"에서 개최된 전국 기독교 서점 협의회 정기 총회에서 본사 장 하린 사장이 만장 일치로 부회장에 피선되었다. 올해의 총회에는 전국 90여 개 기독교 서점 대표 및 실무자 110명이 모였었다.

장 하린 부회장은 지난 2년 동안 동협의회 서울 지회장을 역임했었다.

사원 전지 교육관 개설

사원의 교육을 위한 "사원 전용 전지 교육관"이 경기도 용인군의 향린 동산에 개설된다. 9월초부터 한 달 동안 확장-보수 작업을 마쳐 새로 단장하게 되는 교육관은 강당과 주방과 식당 등 교육관으로서 필요한 시설을 갖추게 된다. 이에 따라 본사는 전사원에 대한 정기적이고 집중적인 전지 교육 및 수련을 실시할 수 있게 되었다.

전지 교육관은 본사 장 하구 회장께서 향린 동산의 별장을 전용하도록 조처함으로써 마련되었다.

65

《종로서적》 1980년 가을호
The 1980 Autumn issue of *Chongno Book Center*
1980년 | 19.1 × 21.1 × 0.4 | 조유성

연중 계획으로 진행되는 고정적인 도서전시회 외에도 특별전시회를 기획하여 운영하기도 하였다.

외국서적부에서 기획한 각종 도서전시회 모습

1988년 | 전세영

1988년 4월에 열린 〈불란서 벨기에 만화전시〉회와 같은 해 10월에 기획된 〈세계여행안내서 및 지도전시회〉 모습이다.

《종로서적》 1996년 가을호

The 1996 Autumn issue of *Chongno Book Center*

1996년 | 26.0×19.0×0.4 | 조유성

종로서적에서는 해마다 열리는 문학상 수상작 전시 외에도
역대 문학상 수장작품 특별전시대를 만들기도 하였다.
이 소식을 전하고 있는 면에서는 종로서적이 도서전시회 외에도
〈작가와의 대화〉, 〈작가와 함께 떠나는 문학기행〉, 〈엄마와 함께 가는 책방 나들이〉 등
독자를 위한 다양한 문화행사를 개최하고 운영하는 모습을 엿볼 수 있다.

종로서적소식

역대 문학상 수상작품 특별전시대 운영

종로서적은 폭넓은 독서층을 확보하고 독서하는 사회 풍토를 조성하기 위해 역대 문학상 수상작품 코너를 6층 문학관에서 운영하고 있다. 6월부터 운영되고 있는 특별전시대에는 이상문학상, 오늘의 작가상, 현대 문학상 등을 수상한 김승옥, 이청준의 작품에서부터 양귀자에 이르기까지 우리나라의 문단을 이끌어 온 수십여 작가의 작품들이 전시되어 있다.

작가와 함께 떠나는 문학 기행

종로서적은 문학 작품 속의 배경을 직접 체험하고자 작가와 함께 떠나는 문학기행 행사를 마련했다. 6월 23일은 정지용 님의 「향수」를 찾아 옥천 일대를 기행했으며, 7월 28일은 우묵배미 마을 사람들의 삶의 모습을 그린 「왕룽일가」의 무대를 찾아 박영한 씨와 함께 경기도 남양주 일대를 기행했다.

한편 8월 25일의 문학기행 행사에서는 조선시대 말 격랑의 역사 속에서 몰락의 위기에 놓인 우리의 전통 예인들과 민중들의 희망, 좌절을 그린 대하소설 「국수」의 무대 예산군 대흥면을 찾았다.

第129回 · 130回 작가와의 대화

第129回 작가와의 대화가 7월 29일(토) 오후 4시, 종로서적 7층 휴게실에서 열렸다. 이날 작가와의 대화에서는 「우리 문화의 수수께끼」의 저자 주강현 씨가 초대되었는데 '우리 문화란 무엇인가'를 주제로하여 독자들과 토론하는 자리가 되었다.

제130회 작가와의 대화에는 「아하, 프로이트」의 저자이자 정신과 전문의인 김정일 씨가 초대되어 우리의 환경과 처지에 걸맞는 심리학의 발견을 주제로 토론했다.

엄마와 함께 가는 책방 나들이 행사

종로서적은 자녀들의 독서 지도에 어려움을 겪고 있는 학부모들에게 좋은 책을 선정하는데 도움을 주기 위해 어린이 도서연구회와 함께 '엄마와 함께 하는 책방 나들이' 행사를 마련했다. 이 행사의 일환으로 6월 15일 오후 3시 30분부터 7층 휴게실에서 '책읽고 그림 그리기', 22일은 '책읽고 연극하기' 등의 행사가 어린이와 학부모들이 참석한 가운데 진행되었다.

여름방학 맞이 할인 판매 행사

종로서적은 여름방학을 맞아 일부 외국도서와 소프트웨어에 대해 한정기간 할인 판매를 했다. 외국도서의 경우 7월 1일부터 6층 외국서적관에서, 소프트웨어의 경우 22일부터 5층 매장에서 각각 판매되었으며 할인률은 외국도서의 경우 20%, 소프트웨어 10-30% 내외로 이루어졌다.

사인 판매전 모습

1990년대 | 장문희

드라마 '사랑이 꽃피는 나무'가 책으로 출간되면서 1990년 7월에 6층 문학부에서 드라마 출연진의 사인 판매전이 열렸다. 또한 종로서적에서는 음반판매도 이루어지고 있었기에 새로운 음반을 발매한 가수의 사인 판매전도 이루어졌다.

종로서적 크리스마스 카드 축제 모습

1980년대 | 전세영

크리스마스 카드 축제 전시장에서 기념촬영한 사진이다.
[왼쪽부터 전세영, 방용남, 장하린(종로서적 창업주 형제 중 동생), 김상녕]

도서 전시회

회원으로 등록하고 주소를 입력해놓으면 나중에 전화로
'나 홍길동인데 『세계는 넓고 할 일은 많다』하고 뭐하고
세 권 보내주세요.'라고 주문할 수 있어요.
그러면 통신판매과 직원은 책값 입금한 거 확인하고
그 책이랑 신간안내를 포장해서 보내주는 거죠.
통신 판매 회원이 한 1,500명 정도 됐었던 것 같아요.

전 종로서적 직원, 최석준

《종로서적》 1978년 창간호
The 1978 first issue of *Chongno Book Center*
1978년 | 19.1 × 21.1 × 0.4 | 조유성

《종로서적》 1978년 창간호에 실린 도서 통신판매 안내문이다.
종로서적의 도서 통신판매의 오랜 역사를 짐작케 한다.

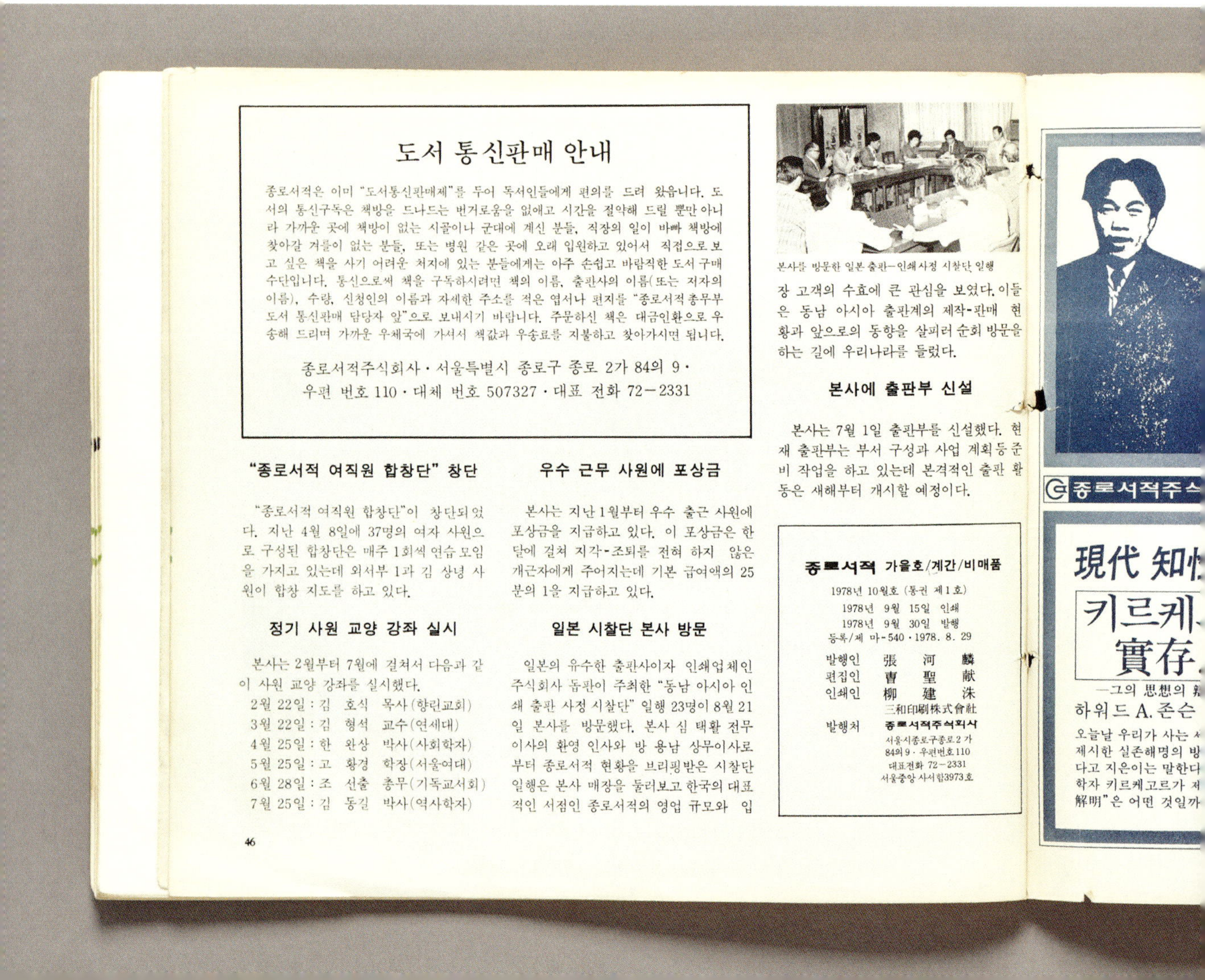

도서 통신판매 안내

종로서적은 이미 "도서통신판매제"를 두어 독서인들에게 편의를 드려 왔읍니다. 도서의 통신구독은 책방을 드나드는 번거로움을 없애고 시간을 절약해 드릴 뿐만 아니라 가까운 곳에 책방이 없는 시골이나 군대에 계신 분들, 직장의 일이 바빠 책방에 찾아갈 겨를이 없는 분들, 또는 병원 같은 곳에 오래 입원하고 있어서 직접으로 보고 싶은 책을 사기 어려운 처지에 있는 분들에게는 아주 손쉽고 바람직한 도서 구매 수단입니다. 통신으로써 책을 구독하시려면 책의 이름, 출판사의 이름(또는 저자의 이름), 수량, 신청인의 이름과 자세한 주소를 적은 엽서나 편지를 "종로서적총무부 도서 통신판매 담당자 앞"으로 보내시기 바랍니다. 주문하신 책은 대금인환으로 우송해 드리며 가까운 우체국에 가서서 책값과 우송료를 지불하고 찾아가시면 됩니다.

종로서적주식회사 · 서울특별시 종로구 종로 2가 84의 9 ·
우편 번호 110 · 대체 번호 507327 · 대표 전화 72—2331

"종로서적 여직원 합창단" 창단

"종로서적 여직원 합창단"이 창단되었다. 지난 4월 8일에 37명의 여자 사원으로 구성된 합창단은 매주 1회씩 연습모임을 가지고 있는데 외서부 1과 김 상녕 사원이 합창 지도를 하고 있다.

정기 사원 교양 강좌 실시

본사는 2월부터 7월에 걸쳐서 다음과 같이 사원 교양 강좌를 실시했다.

2월 22일 : 김 호식 목사(향린교회)
3월 22일 : 김 형석 교수(연세대)
4월 25일 : 한 완상 박사(사회학자)
5월 25일 : 고 황경 학장(서울여대)
6월 28일 : 조 선출 총무(기독교서회)
7월 25일 : 김 동길 박사(역사학자)

우수 근무 사원에 포상금

본사는 지난 1월부터 우수 출근 사원에 포상금을 지급하고 있다. 이 포상금은 한 달에 걸쳐 지각-조퇴를 전혀 하지 않은 개근자에게 주어지는데 기본 급여액의 25분의 1을 지급하고 있다.

일본 시찰단 본사 방문

일본의 유수한 출판사이자 인쇄업체인 주식회사 돕판이 주최한 "동남 아시아 인쇄 출판 사정 시찰단" 일행 23명이 8월 21일 본사를 방문했다. 본사 심 택환 전무이사의 환영 인사와 방 용남 상무이사로부터 종로서적 현황을 브리핑받은 시찰단 일행은 본사 매장을 둘러보고 한국의 대표적인 서점인 종로서적의 영업 규모와 입장 고객의 수효에 큰 관심을 보였다. 이들은 동남 아시아 출판계의 제작-판매 현황과 앞으로의 동향을 살피러 순회 방문을 하는 길에 우리나라를 들렀다.

본사를 방문한 일본 출판-인쇄사정 시찰단 일행

본사에 출판부 신설

본사는 7월 1일 출판부를 신설했다. 현재 출판부는 부서 구성과 사업 계획등 준비 작업을 하고 있는데 본격적인 출판 활동은 새해부터 개시할 예정이다.

종로서적 가을호/계간/비매품
1978년 10월호 (통권 제1호)
1978년 9월 15일 인쇄
1978년 9월 30일 발행
등록/제 마-540 · 1978. 8. 29

발행인	張河麟
편집인	曺聖献
인쇄인	柳建洙 三和印刷株式會社
발행처	종로서적주식회사 서울시종로구종로2가 84의9 · 우편번호110 대표전화 72—2331 서울중앙 사서함3973호

46

종로서적주

現代 知性
키르케
實存
—그의 思想의
하워드 A. 존슨
오늘날 우리가 사는
제시한 실존해명의 방
다고 지은이는 말한다
학자 키르케고르가 제
解明"은 어떤 것일까

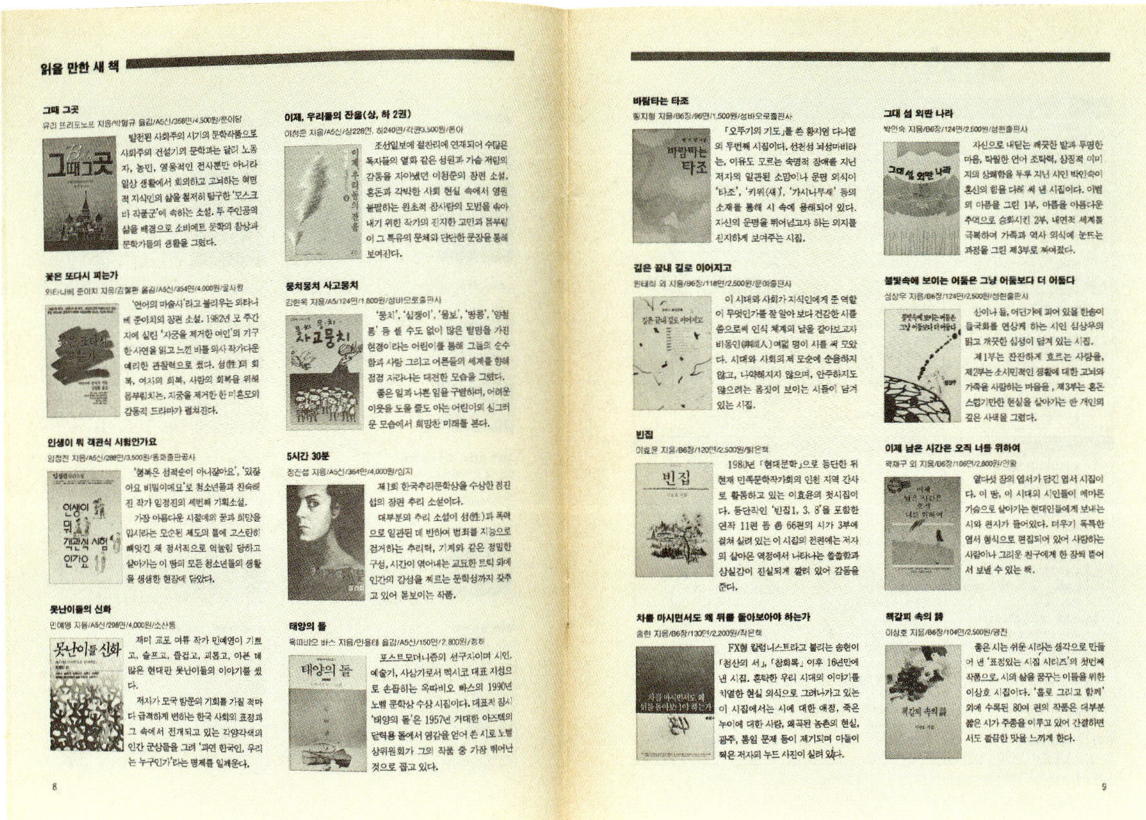

읽을 만한 새 책

그때 그곳
유리 뜨리포노프 지음/박형규 옮김/A5신/358면/4,500원/문이당
발전된 사회주의 시기의 문학작품으로 사회주의 건설기의 문학과는 달리 노동자, 농민, 영웅적인 전사뿐만 아니라 일상 생활에서 회의하고 고뇌하는 혁명적 지식인의 삶을 철저히 탐구한 '모스크바 작품군'에 속하는 소설. 두 주인공의 삶을 배경으로 소비에트 문학의 참상과 문학가들의 생활을 그렸다.

꽃은 또다시 피는가
와타나베 준이치 지음/김철환 옮김/A5신/354면/4,000원/글사랑
'언어의 마술사'라고 불리우는 와타나베 준이치의 장편 소설. 1982년 모 주간지에 실린 '자궁을 제거한 여인'의 기구한 사연을 읽고 느낀 바를 의사 작가다운 예리한 관찰력으로 썼다. 성(性)의 회복, 여자의 회복, 사랑의 회복을 위해 몸부림치는, 자궁을 제거한 한 미혼모의 감동적 드라마가 펼쳐진다.

인생이 뭐 객관식 시험인가요
임정진 지음/A5신/288면/3,500원/동화출판공사
'행복은 성적순이 아니잖아요', '있잖아요 비밀이에요'로 청소년들과 친숙해진 작가 임정진의 세번째 기획소설.
가장 아름다운 시절에의 꿈과 희망을 입시라는 모순된 제도의 틀에 고스란히 빼앗긴 채 정서적으로 억눌림 당하고 살아가는 이 땅의 모든 청소년들의 생활을 생생한 현장에 담았다.

못난이들의 신화
민예영 지음/A5신/298면/4,000원/소산통
재미 교포 여류 작가 민예영이 기쁘고, 슬프고, 즐겁고, 괴롭고, 아픈 때 많은 현대판 못난이들의 이야기를 썼다.
저자가 모국 방문의 기회를 가질 적마다 급격하게 변하는 한국 사회의 표정과 그 속에서 전개되고 있는 각양각색의 인간 군상들을 그려 '과연 한국인, 우리는 누구인가'라는 명제를 일깨운다.

이제, 우리들의 잔을(상, 하 2권)
이청준 지음/A5신/상228면, 하240면/각권3,500원/돈이
조선일보에 절찬리에 연재되어 수많은 독자들의 열화 같은 성원과 가슴 저림의 감동을 자아냈던 이청준의 장편 소설. 혼돈과 각박한 사회 현실 속에서 영원불멸하는 원초적 참사랑의 모범을 솎아내기 위한 작가의 진지한 고민과 몸부림이 그 특유의 문체와 단단한 문장을 통해 보여진다.

뭉치뭉치 사고뭉치
김현옥 지음/A5/124면/1,800원/성바오로출판사
'뭉치', '심쟁이', '울보', '땅콩', '양철통' 등 셀 수도 없이 많은 별명을 가진 현경이라는 어린이를 통해 그들의 순수함과 사랑 그리고 어른들의 세계를 향해 점점 자라나는 대견한 모습을 그렸다.
좋은 일과 나쁜 일을 구별하며, 어려운 이웃을 도울 줄도 아는 어린이의 싱그러운 모습에서 희망찬 미래를 본다.

5시간 30분
정진섭 지음/A5신/364면/4,000원/심지
제1회 한국추리문학상을 수상한 정진섭의 장편 추리 소설이다.
대부분의 추리 소설이 성(性)과 폭력으로 일관된 데 반하여 범죄를 지능으로 검거하는 추리력, 기계와 같은 정밀한 구성, 시간이 엮어내는 교묘한 트릭 외에 인간의 감성을 찌르는 문학성까지 갖추고 있어 돋보이는 작품.

태양의 돌
옥따비오 빠스 지음/민용태 옮김/A5신/150면/2,800원/청하
포스트모더니즘의 선구자이며 시인, 예술가, 사상가로서 멕시코 대표 지성으로 손꼽히는 옥따비오 빠스의 1990년 노벨 문학상 수상 시집이다. 대표적 장시 '태양의 돌'은 1957년 거대한 아즈텍의 달력용 돌에서 영감을 얻어 쓴 시로 노벨상위원회가 그의 작품 중 가장 뛰어난 것으로 꼽고 있다.

8

바람타는 타조
황지형 지음/B6장/96면/1,500원/성바오로출판사
「오뚜기의 기도」를 쓴 황지형 다니엘의 두번째 시집이다. 선천성 뇌성마비라는, 이유도 모르는 숙명적 장애를 지닌 저자의 일관된 소망이나 운명 의식이 '타조', '키위(새)', '가시나무새' 등의 소재를 통해 시 속에 용해되어 있다. 자신의 운명을 뛰어넘고자 하는 의지를 진지하게 보여주는 시집.

길은 끝내 길로 이어지고
원태희 외 지음/B6장/118면/2,500원/문여출판사
이 시대와 사회가 지식인에게 준 역할이 무엇인가를 잘 알아 보다 건강한 시를 씀으로써 인식 체계의 날을 갈아보고자 비동인(非同人)여덟 명이 시를 써 모았다. 시대와 사회의 제 모순에 순응하지 않고, 나약해지지 않으며, 안주하지도 않으려는 몸짓이 보이는 시들이 담겨 있는 시집.

빈집
이효윤 지음/B6장/120면/2,500원/맑은책
1980년 「현대문학」으로 등단한 뒤 현재 민족문학작가회의 인천 지역 간사로 활동하고 있는 이효윤의 첫시집이다. 등단작인 '빈집1, 3, 8'을 포함한 연작 11편 등 총 66편의 시가 3부에 걸쳐 실려 있는 이 시집의 전편에는 저자의 살아온 역정에서 나타나는 쓸쓸함과 상실감이 진실되게 깔려 있어 감동을 준다.

차를 마시면서도 왜 뒤를 돌아보아야 하는가
송현 지음/B6장/130면/2,200원/작은책
FX형 킬럼니스트라고 불리는 송현이 「청산의 서」, 「참회록」 이후 16년만에 낸 시집. 혼탁한 우리 시대의 이야기를 치열한 현실 의식으로 그려나가고 있는 이 시집에서는 시에 대한 애정, 죽은 누이에 대한 사랑, 왜곡된 농촌의 현실, 광주, 통일 문제 등이 제기되며 아들이 찍은 저자의 누드 사진이 실려 있다.

그대 섬 외딴 나라
박인숙 지음/B6장/124면/2,500원/성현출판사
자신으로 내딛는 깨끗한 발과 투명한 마음, 탁월한 언어 조탁력, 상징적 이미지의 상쾌함을 두루 지닌 시인 박인숙이 혼신의 힘을 다해 써 낸 시집이다. 이별의 아픔을 그린 1부, 아픔을 아름다운 추억으로 승화시킨 2부, 내면적 세계를 극복하여 가족과 역사 의식에 눈뜨는 과정을 그린 제3부로 짜여졌다.

불빛속에 보이는 어둠은 그냥 어둠보다 더 어둡다
심상우 지음/B6장/124면/2,500원/성현출판사
산이나 들, 어딘가에 피어 있을 한송이 들국화를 연상케 하는 시인 심상우의 맑고 깨끗한 심성이 담겨 있는 시집.
제1부는 잔잔하게 흐르는 사랑을, 제2부는 소시민적인 생활에 대한 고뇌와 가족을 사랑하는 마음을, 제3부는 혼돈스럽기만한 현실을 살아가는 한 개인의 깊은 사색을 그렸다.

이제 남은 시간은 오직 너를 위하여
곽재구 외 지음/B6장/106면/2,800원/인왕
열다섯 장의 엽서가 담긴 엽서 시집이다. 이 땅, 이 시대의 시인들이 메마른 가슴으로 살아가는 현대인들에게 보내는 시와 편지가 들어있다. 더우기 독특한 엽서 형식으로 편집되어 있어 사랑하는 사람이나 그리운 친구에게 한 장씩 뜯어서 보낼 수 있는 책.

책갈피 속의 詩
이상호 지음/B6장/104면/2,500원/평진
좋은 시는 쉬운 시라는 생각으로 만들어 낸 '표정있는 시집 시리즈'의 첫번째 작품으로, 시의 삶을 꿈꾸는 이들을 위한 이상호 시집이다. '흙로 그리고 함께' 외에 수록된 80여 편의 작품은 대부분 짧은 시가 주종을 이루고 있어 간결하면서도 깔끔한 맛을 느끼게 한다.

9

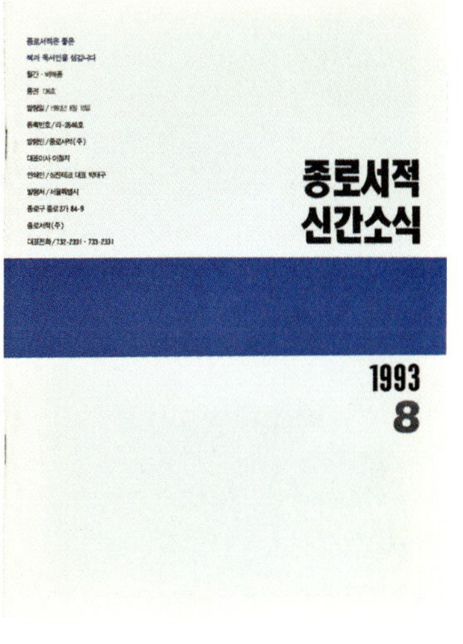

종로서적 신간소식
Catalogue listing Chongno Book Center's newly available books and publications
1990년, 1993년 | 각 26.0 × 18.9 × 0.4 | 이철지, 박상준

매장 내 손님뿐만 아니라 통신판매 회원에게도 새로 나온 책에 대한 정보를 제공하는 역할을 하였다.

층별 도서 주제 분류와 진열

출판사에 주문한 책을 받는 데가 인수처예요.
차들이 와서 책을 놓고 가기 쉽게 1층 뒤쪽에 있었어요.
당시에는 ISBN도 없었지만 인수부 직원들은
책 출판사만 봐도 대충 분야를 알아요.
출판사마다 특성이 있으니까요. 책 받고 인수증 쓴 다음에
분류를 하고 그 옆에 있는 리프트로 각 층마다 책을 올려줘요.

전 종로서적 직원, 김상녕

종로서적 인수부 모습
1992년 | 이철지

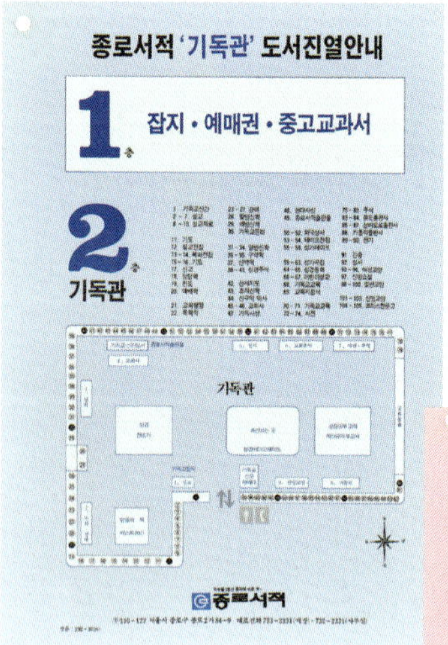

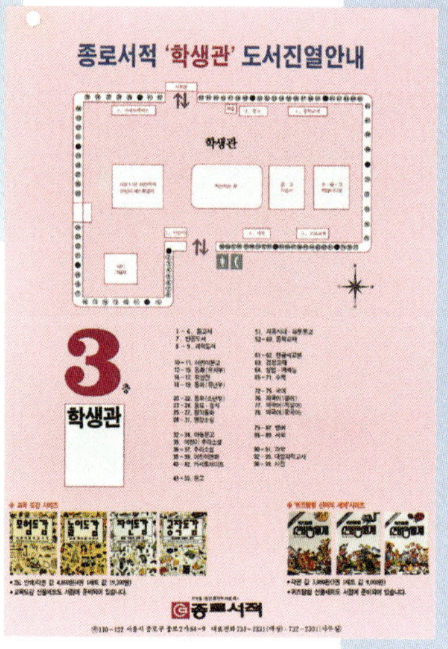

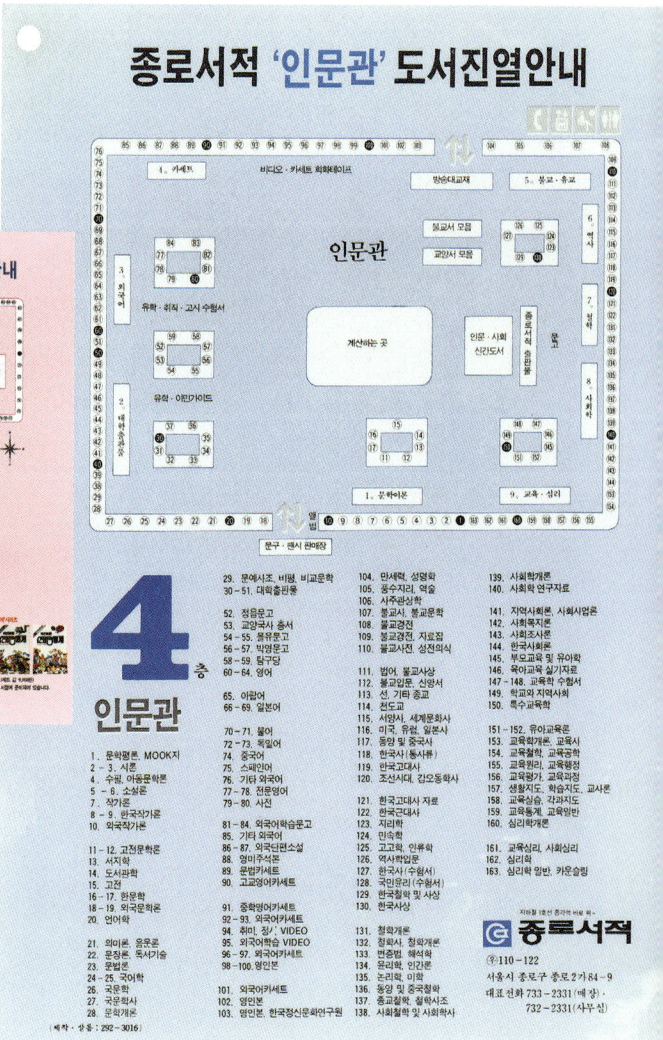

도서 진열 안내
Detailed guide to displayed books
1990년대 | 26.3×18.9 | 이철지

양면으로 코팅된 안내지이다.
앞면에는 각 층의 도서 진열 위치가 그려져 있고,
뒷면에는 출판사 광고가 있어 매장 내 비치용으로 제작된 듯 하다.

종로서적 도서 진열 안내

Brochure covering books on display at Chongno Book Center

1990년대 | 24.9×19.2 | 이철지

큰 주제별로 분류된 층별 안내도에서 나아가 주제의 세부 분류에 따라 서가별로 구획이 나누어져 진열된 모습이 잘 나타나 있다.

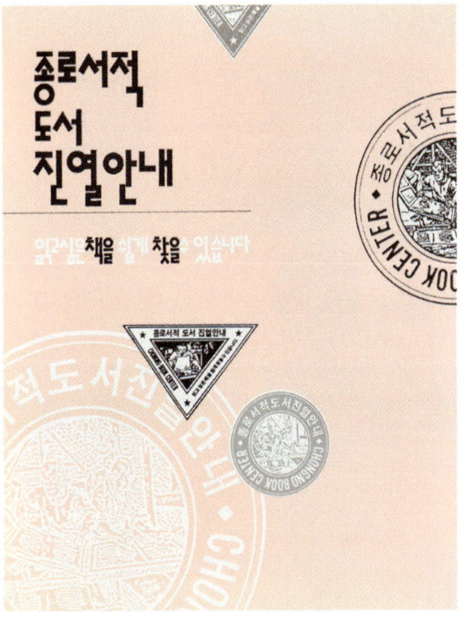

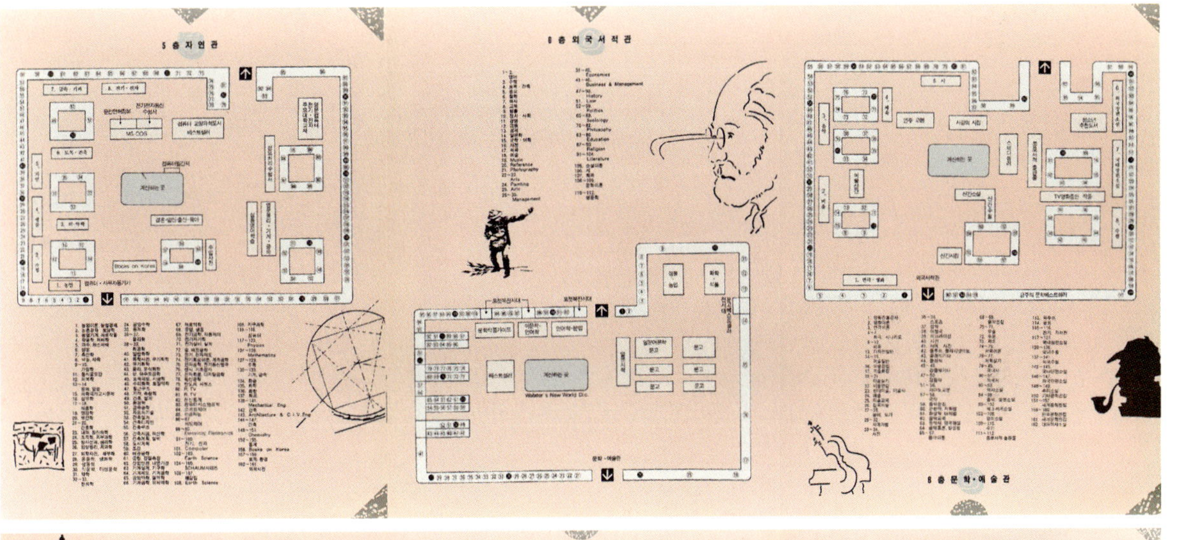

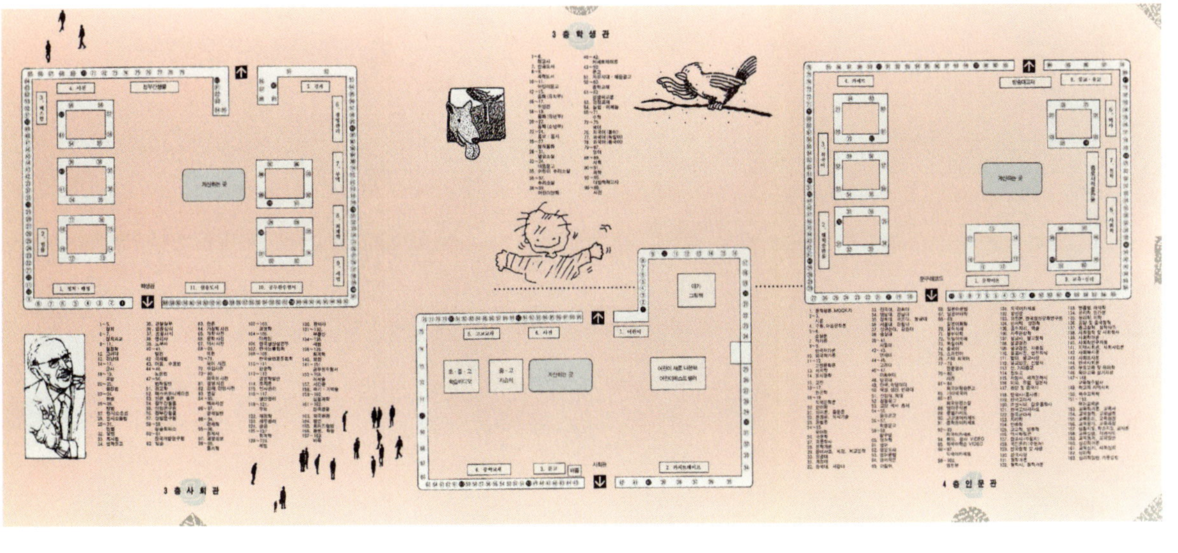

종로서적 본관과 신관을 이어주던 계단

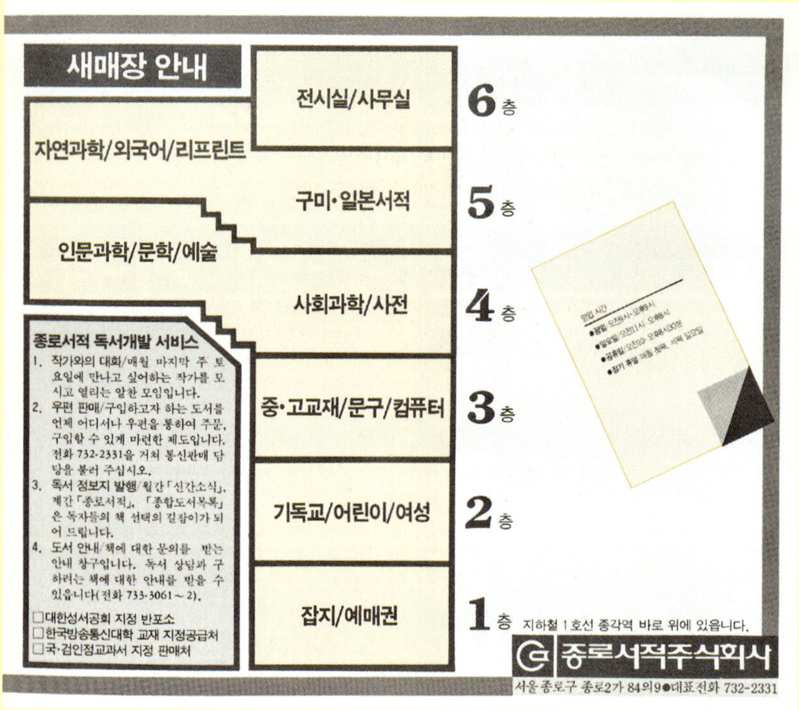

종로서적 층별 안내

1985년 | 조유성

《종로서적》 1985년 겨울호에 실린 문구센터 개장에 따른 새 매장 안내도이다.

본관 5층 외국서적관에서 신관 5층의 자연관으로 가는 계단 모습

1988년 | 전세영

외국서적부 직원이 〈불란서 · 벨기에 만화전시회〉 당시 주한 프랑스대사관의 문정관과 함께 찍은 사진이다.

그때는 책을 쌓아 놓고 팔던 시대예요. 모든 독자들이 서점에 나와서
책을 사는 시대였기 때문에 팔려는 책은 진열을 해야 돼요. 그러니까 매장에 진열된 책이 엄청 많았죠.
그런데 매장 서가의 뒤쪽으로, 서가가 또 있었어요. 이중으로 된 서가였죠.
그 뒤쪽에 책이 더 많이 있었어요. 어떤 책이 매장 서가에는 두 권이 꽂혀 있지만,
뒤에 안쪽 서가로 들어가게 되면 열 권도 있고 그런 거죠.
정말 잘 나가는 책은 200~300부 씩 챙겨 놔요. 하루에도 수십 권 씩 나가니까.

전 종로서적 직원, 김상녕

이중서가의 출입구 모습
1991년 | 장문희

종로서적

종로서적은 책을 사보기 어려운 시절, 가난한 대학생에게는 '거리의 도서관'이 되어 주었다. 경제가 성장하면서 교육열이 더욱 뜨거워진 시절에는 신학기 교과서 및 대학 교재를 공급하고, 대학 입학원서 배부처와 방송통신대 교재 지정 공급처의 역할을 하며 다양한 학생 독자들의 요구에 부응했다. 그뿐만 아니라 종로서적은 민주화와 사회운동이 활발하던 시대의 호흡에 맞추어 청년 학생들과 함께 하던 장소이기도 했다.

지혜를 찾는 대학생의 광장

Square for College Students Seeking Wisdom

At a time when buying books was financially challenging for many, Chongno Book Center was a "street library" for college students with tight budgets. As the economy grew with the rise of education fever, the store satisfied student demand by supplying textbooks and college course books every semester as well as the course books of Korea National Open University and distributing college admission applications. Moreover, it emerged as a hub for young adults and students in the era of vibrant pro-democracy and social movements.

종로서적이요?
공부를 하게끔 동기를 계속해서 부여해 주는 장소라고 그럴까?
거기 가면은 책은 다 있으니까.
사람들이 생각하는 책들이 뭐가 있고
사람들이 주로 관심을 갖는 분야가 무엇이고 하는 걸
알 수 있게끔 해주는 것이 있어요.
그러니까 자기가 어떤 지식의 늪에서 헤맬 때
여기 가면은 '이런 게 있구나' 라는 걸 보여주는 장소였어요.

종로서적의 학생 독자, 김민우

아르바이트를 그만두고 훗날 영어 공부를 열심히 해서
매일경제 기자를 거쳐 전문 번역사가 되기까지
저에게 많은 학습 동기를 부여해 준 책입니다.

종로서적의 학생 독자, 김민우

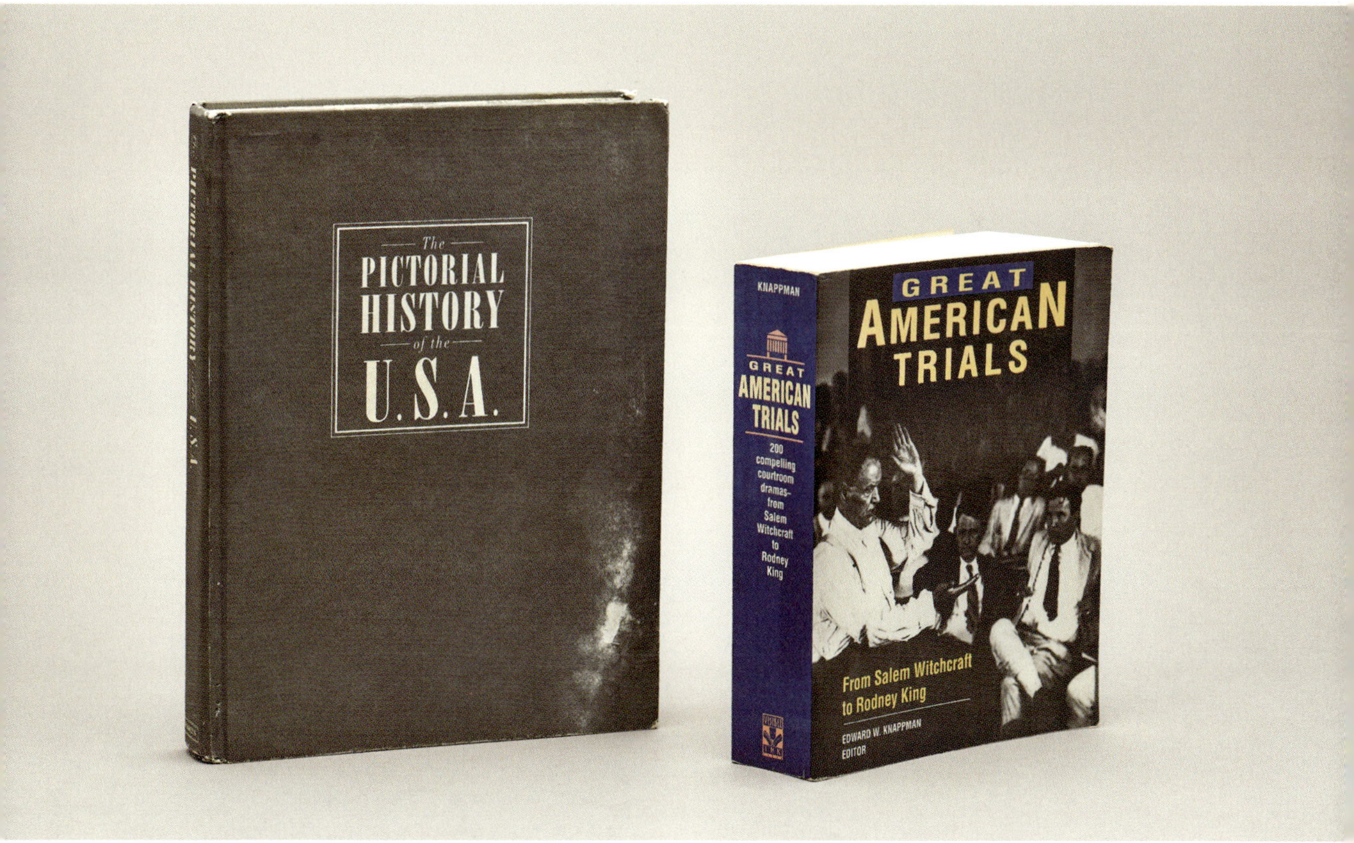

『The Pictorial History of the U.S.A.』
Neil Wenborn | 1994년 | 30.3 × 22.6 × 3.6 | 김민우

『Great American Trials』
Edward W. Knappman | 1991년 | 26.3 × 18.3 × 5.5 | 김민우

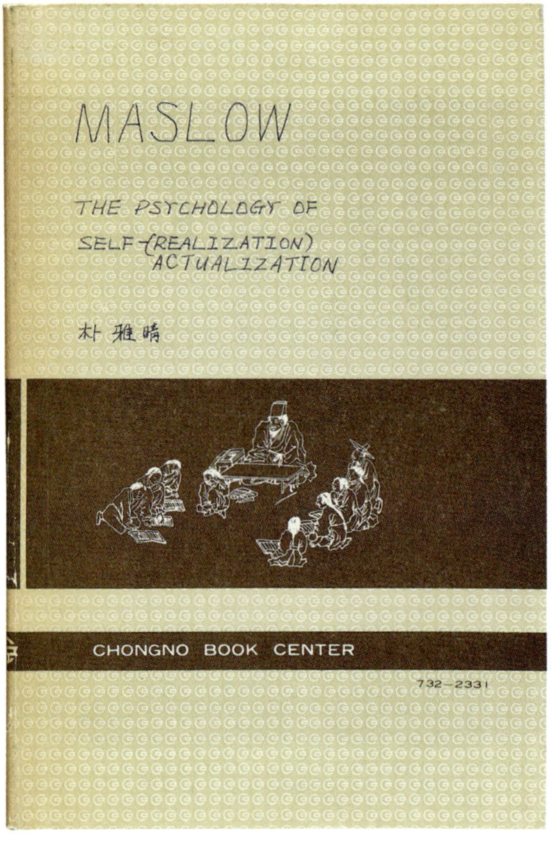

『MASLOW 자아실현의 심리』
MASLOW: The Psychology of Self-Actualization
박아청 저 | 1988년 | 22.0 × 14.8 × 0.5 | 박상준

제가 1992년도에 학사 편입했었는데,
그때 교양과목 교재로 샀던 책이에요.

종로서적의 학생 독자, 박상준

이건 학교 레포트 쓸 일이 있어서 구입했던 책이에요.
이건 쇼핑백인데, 그 당시 다른 사람들도 그랬지만
달력 종이나 포장지 같이 두툼한 종이 같은 걸로
책을 포장하기도 했었는데,
저도 포장 차원에서 우연히 했었어요.

종로서적의 학생 독자, 정하동

『서양미술사 속에는 서양미술이 있다』
Western Art is in the History of Western Art
박우찬 저 | 1998년 | 22.5 × 15.3 × 1.3 | 정하동

시대와의 호흡

종로서적 앞 거리에서 데모가 엄청 많았죠.
도망치는 시위 학생들이 경찰한테 쫓겨서 건물로 막 들어오고,
그러면 안에 손님이 있는데도 셔터를 내려줘요.
학생들 구해 주려고 …

전 종로서적 직원, 이숙경

종로서적 옥상에서 촬영한 학생시위 모습
이철지 촬영 | 1985~87년경

판매금지 도서

> 오히려 출판계가 호황일 때가 언제냐 하면 군사정부 시대였어요.
> 4·19 나면서 사회주의, 공산주의 책, 번역서가 많이 나왔는데, 이런 책은 금방 판금(판매금지) 되잖아요.
> 벌써 '새 책이 나왔다' 그러면 암암리에 출판사가 이미 책 판권에는 발행일을 15일 정도 나중으로 찍어놓고
> 대형서점에다가 쫙 뿌려요. 경찰이나 공무원들이 맨날 와서 단속하는 게 아니니까.
> 종로서적은 이중 서가라서 문을 열면 거기 책이 또 있었어. 판매서가 뒤편에 또 재고 보관하는 서가가 있었거든.
> 거기다가 책을 감춰놓고 팔아요. 그리고 그 팔지 말라는 책 목록을 제가 가지고 있는 거예요. …
> 이렇게 봐서 눈치가 이상한 사람한테는 안 팔거든. 그 시점에 책이 이미 몇천 권씩 막 나갔어요.

전 종로서적 사장, 이철지

불온간행물 판매통제 의뢰 문서

Document requesting sales control of seditious publications

1982년 2월 3일 | 26.3 × 19.3 | 이철지

문화공보부가 전국서적상조합연합회로 발송한 불온간행물 판매통제 의뢰 문서이다. 불온간행물로 배포 중지된 서적들이 종로서적 등 시내 중심가 서점에서 판매되고 있으니 해당 도서를 전량 회수하고 보고하라는 내용을 담은 문서이다.

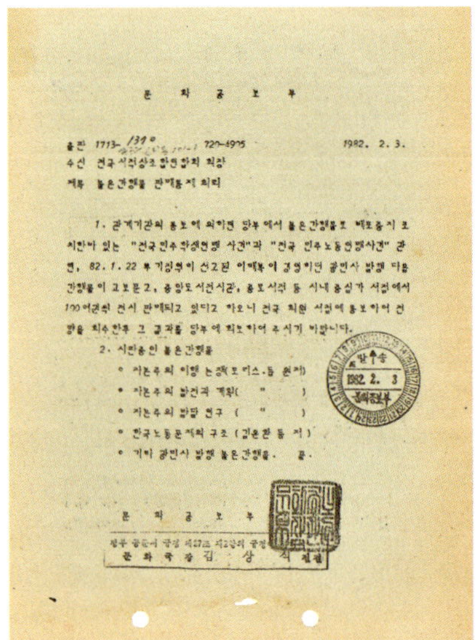
문 화 공 보 부

배포중지 국내도서 목록

Lists of Korean books subject to cessation of distribution

1981년 12월 | 26.8 × 18.8 | 이철지

문화공보부에서 1981년 12월에 작성한 대외비 문서로, 배포 중지 국내도서 목록(1974.1.1.~1981.11.30.)이다.

對外秘

配布中止國內圖書目錄

(1974.1.1~1981.11.30)

1981. 12

文化公報部

目 次

종로서적에서 발간한 판매금지 도서

Chongno Book Center-published books banned from sale

1983년 2월, 1980년 4월 | (좌) 17.2×12.2×1.4 (우) 16.8×12.0×1.8 | 개인소장

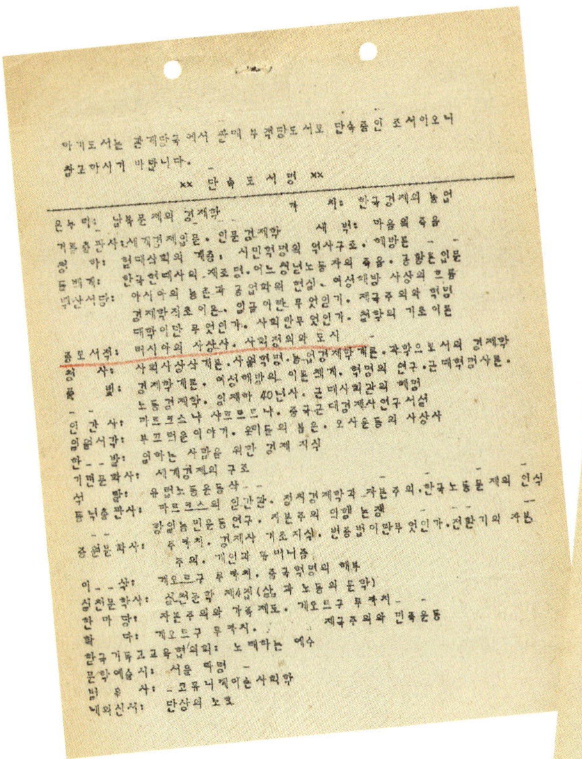

아래도서는 관계당국에서 판매부적당도서로 단속중인 도서이오니 참고하시기 바랍니다.

xx 단속도서명 xx

온누리: 남북문제의 경제학　　까치: 한국경제의 농업
거름출판사: 세계경제입문. 인문경제학　　새벽: 마음의 죽음
청아: 현대사회의 계층. 시민혁명의 역사구조. 해방론
동녘: 한국현대사의 재조명. 어느청년노동자의 죽음. 공황론입문
백산서당: 한국현대사의 재조명. 여성해방 사상의 흐름
　아시아의 농촌과 공업화의 현실. 제국주의와 혁명
　경제학기초이론. 임금이란 무엇인가. 철학의 기초이론
　대학이란 무엇인가. 사회란무엇인가.
종로서적: 러시아의 사상사. 사회정의와 도시. 과학으로서의 경제학
청사: 사회사상사개론. 사월혁명. 농업경제학개론. 혁명의 연구. 근대혁명사론.
풀빛: 경제학개론. 여성해방의 이론체계. 근대사회관의 해명
　노동경제학. 일제하 40년사. 중국근대경제사연구서설
인간사: 마르크스냐 사르트르냐. 중국근대사상사
일월서각: 부끄러운이야기. 오사운동의 사상사
한밭: 일하는 사람을 위한 경제 지식
기린문화사: 세계경제의 구조
석탑: 유럽노동운동사
동녘출판사: 마르크스의 인간관. 정치경제학과 자본주의. 한국노동문제의 인식
　항일농민운동연구. 자본주의 이행 논쟁
종로문화사: 주체. 경제사 기초지식. 변증법이란무엇인가. 전환기의 자본주의. 개인과 휴머니즘
이삭: 게오르구 루카치. 중국혁명의 해부
실천문학사: 실천문학 제4집(삶과 노동의 문학)
한마당: 자본주의와 가족제도. 게오르구 루카치
학다: 게오르구 루카치.　　제국주의와 민족운동
한국기독교교육협의회: 노래하는 예수
문학예술사: 서울 때명
범우사: 코뮤니케이션사회학
내외신서: 만상의 노로

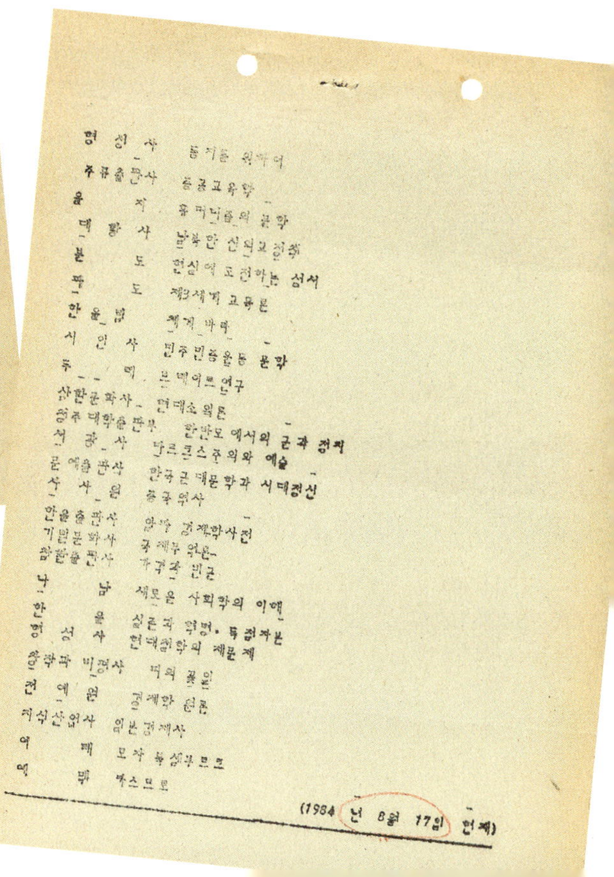

형성사　동지를 위하여
주류출판사　풍공교육학
율지　휴머니즘의 문학
대왕사　남북한 신의교정책
분도　현실에 도전하는 성서
편도　제3세계 교육론
한울림　체게바라
시인사　민주민중운동 문학
두레　브레이트연구
삼한문화사　현대소외론
청주대학출판부　한반도에서의 군과 정치
서광사　마르크스주의와 예술
문예출판사　한국근대문학과 시대정신
사사연　중국역사
한울출판사　알기쉬운 경제학사전
기린문화사　국제무역론
창작출판사　자구적 빈곤
나남　새로운 사회학의 이해
한울　실존과 혁명. 독점자본
형성사　현대철학의 제문제
창작과 비평사　피의 꽃잎
전예원　경제학원론
지식산업사　일본경제사
여래　모차르트부르크
예배　마스트로

(1984년 8월 17일 현재)

판매 부적당도서 단속도서명 문서

Documents listing books subject to sales ban for inappropriate content

1984년 8월 17일 | 27.0×19.5 | 이철지

판매 부적당 도서로 단속 중이었던 1984년 8월 17일자 도서 목록이다. 출판사별로 작성되어 있으며 종로서적 발간 자료인 『러시아 사상사』와 『사회정의와 도시』에 빨간 줄이 그어져 있다.

종로서적

종로서적은 1970년부터 관계 분야의 교수들, 전문인들의 추천 도서, 최신 정보에 의하여 채택된 도서, 외서부 직원들에 의하여 선택된 외국도서들을 판매하기 시작했다. 또한 개인 독자가 '유네스코 쿠폰' 등으로 신청하는 것도 별도로 안내했으며 1979년 매장 확대 이후부터 외국서적부는 국내 독자의 외국도서 수요를 모두 충족시킬 정도로 확장되었다.

전문지식인들이 최신 정보를 만나는 곳

Where Intellectuals Access Latest Information

In 1970, Chongno Book Center began selling foreign books selected "based on the latest information and recommendations from professors and professionals in relevant fields or by staff of the foreign books department." The store separately offered titles requested by individuals through 'UNESCO coupons' as well. Following the store's expansion in 1979, the foreign books department was also sufficiently enlarged to satisfy the nation's appetite for foreign books.

유네스코 쿠폰
도시를 공부해야겠다고 마음을 먹고 나서 일단 최신자료를 봐야겠다, 축적된 외국 사례를 공부해야겠다 싶어서 책(외국도서)을 구하러 갔어요. 그때 광화문에 범한서적, 종로2가에 범문사, 과학서적센터로 많이 다녔죠.
종로서적에는 국내도서 사러 자주 다녔는데, 내가 도와줄 수 있으니 외국서적도 들이자 제안했죠.
그때 종로서적이 한창 잘 나갈 때라 서점을 3개 층으로 확장하면서 외서부(외국서적부)가 만들어졌어요.
검색한 외서를 사려면 유네스코 쿠폰이 있어야 했고, 개인으로서 책(외서) 사는 게 쉽지 않은 시절이었어요.
유네스코 쿠폰(UNESCO coupon) 제도
유네스코 쿠폰은 외화를 자유롭게 사용할 수 없는 나라에서 자국 화폐로 외국의 학술간행물과 각종 과학 기자재를 좀 더 쉽게 구입할 수 있도록 유네스코가 1948년에 창안한 국제통화였다.
한국은 1961년 8월에 서적과 과학 기자재 쿠폰에 가입하였다.
최신 정보 수집의 경쟁
80년 초나 이럴 때만 하더라도 지금처럼 어떤 정보를 수용하는 게 원활치 않을 때였으니까 그때 대학이나 연구소에 계시는 선생님들 입장에서는 제일 중요한 정보가 외국에서 갓 나온 외국 학술 서적이었어요.
이걸 가지면 그 양반이 한국에서 제일 빠른 정보를 가진 사람이 되는 거니까요.
그래서 우리가 전국을 돌아다니면서 외국서적 전시회를 열었었죠.
전 종로서적 직원, 나종호
외국도서 전시회_전주대학교
1985년 9월 20일 / 전세영
기술혁신
외국도서 전시회_삼성반도체통신 종합연구소
1985년 / 전세영
종로서적 4층 별관 외국 서적부로 모
"대학생은 매주 한 번 종로서적 외서부를 방
종로서적주식회사
종로서적 외서부 광고
(동아일보) 1980년 3월 10일
MAN AND NATURE
RICHARD LONG

도시를 공부해야겠다고 마음을 먹고 나서 일단 최신자료를 봐야겠다, 축적된 외국 사례를 공부해야겠다 싶어서 책(외국도서)을 구하러 갔어요. 그때 광화문에 범한서적, 종로2가에 범문사, 과학서적센터로 많이 다녔죠. 종로서적에는 국내도서 사러 자주 다녔는데, 내가 도와줄 수 있으니 외국서적도 들이자 제안했죠. 그때 종로서적이 한참 잘 나갈 때라 서점을 3개 층으로 확장하면서 외서부(외국서적부)가 만들어졌어요.

… 외국자료를 찾는 방법으로는 주로 KORSTIC*을 통해서 검색했었어요. 일종의 정보센터였죠. 검색한 외서를 사려면 유네스코 쿠폰이 있어야 했고, 개인으로서 책(외서) 사는 게 쉽지 않은 시절이었어요.

전 한양대학교 도시공학과 교수 · 현 통의도시연구소 소장, 최종현

* 한국과학기술정보센터(Korea Scientific and Technological Information Center, KORSTIC) : 현 한국과학기술정보연구원의 전신. 1962년에 유네스코의 원조를 받아 국가적인 과학정보 서비스 기관으로 설립되었다.

과학 기술 정보 안내 리플릿

Leaflet on science-technology information

1970년대 | 18.9×8.7

한국과학기술정보센터 안내지로 소장자료 이용방법과 비용 등이 상세하게 안내되어 있다.

利 用 方 法

1. 会員制度

所定의 会員加入申請書와 会費를 본센터 事業部에 納入하시면 누구든지 会員이 될 수 있읍니다. 즉 納入하시는 会費의 額数에 따라 일정 割引率에 의거하여 다음과 같은 각종 서어비스가 제공됩니다.

회원구분 \ 내용		연간회비(원)	서어비스 제공금액(원)	회비내의 서어비스
특별회원		500,000이상	650,000	● 간행물서어비스
단체회원	A	300,000	390,000	● 문헌복사서어비스
	B	200,000	240,000	● 주제조사서어비스 (SDI서어비스)
	C	100,000	115,000	● 문헌목차서어비스
개인회원		20,000	22,000	● 초록카아드서어비스

● 특별 및 단체회원 특전 : 자료열람 무료 및 정보관리 강좌 20% 할인.
● 회비는 연간회비로서 회기내에 서어비스전량을 이용바람.

2. 隨時利用制度

필요할 때마다 수시로 소정의 金額을 납입하시면 원하는 서어비스를 제공받게 됩니다.

刊 行 物

본센터에 入手되는 약 5,000種에 달하는 最近 外国雜誌와 特許公報 등에 실려 있는 情報를 알려드리기 위하여 다음과 같은 定期刊行物을 発刊하고 있읍니다.

刊行物	分冊区分	刊別	年間購読料(원)
科学技術文献速報	数学·物理学·資源·에너지篇	月刊	5,000
	電気·電子篇	月刊	5,000
	機械·金属篇	月刊	5,000
	生物·農業·薬学篇	月刊	5,000
	化学·化工篇	半月刊	10,000
学術雜誌目次速報	経営·経済篇	月刊	3,000
	医学篇	月刊	3,000
	教育·社会·心理篇	隔月刊	1,500
外国特許速報		半月刊	10,000
海外技術情報誌		隔月刊	2,000
情報管理研究誌		隔月刊	1,200

技 術 相 談

海外에서 새로운 技術을 導入하고자 하는 분에게 適正技術의 選別에 필요한 資料를 제공하고 国内外의 수 많은 技術情報의 所在를 안내하여 드리는 서어비스입니다.

1. 情報所在안내 : 相談을 통하여 해당 전문가, 기관, 시설, 재료 등에 대한 情報源을 알려드리는 업무.
2. 技術相談 :
   (1) 당면한 기술적문제의 해결을 위한 情報資料의 調査와 専門家와의 面接斡旋.
   (2) 국내 기술개발시의 研究用役 주선.
   (3) 기술도입시의 適正技術選別 안내.
3. 技術調査用役서어비스 : 특정기술에 대한 국내외의 現況調査와 그 결과에 따라 알맞는 技術의 선택 및 새 기술의 적용을 위한 方向提示.

用役契約金	用役期間
用役規模에 따라 20~30万원	2個月 이내

調 査

1. R. S. 서어비스

R. S.는 Retrospective Search의 약어로서 특정주제의 先行研究文献 및 特許資料를 過去로 遡及하여 (文献은 5년분, 特許는 10년분) 検索調査하여 드리는 서어비스입니다.

	단위	기본요금	초과요금	조사기간
所蔵文献 및 特許	건	15,000원 (5년분)	1년분 조사 1,500원	20일이내
異議申請용 特許	건	30,000원 (10년분)	1년분 조사 1,500원	
外国依頼文献	건	調査機関請求金額+手数料(20%)+航空郵便料		30일이내

2. S. D. I. 서어비스

S. D. I.는 Selective Dissemination of Information의 약어로서 技術現況을 追跡하는 情報서어비스입니다. 바꾸어 말하면 特定主題에 관한 情報를 現時点에서부터 将次 一定期間까지 定期的으로 検索하여 提供하는 것을 말합니다.

(1) 手作業 SDI서어비스

特定研究, 開発프로젝트를 직접 지원하기 위하여 최신정보를 検索, 整理하여 1년단위로 매월 定期的으로 提供합니다. 1個主題의 申請料金은 15,000원이며 (月 제공 30건 이내일 때) 30건을 초과할 경우 건당 70원을 가산합니다.

(2) 컴퓨터에 의한 SDI서어비스

本센터는 美国化学会와 文献情報를 磁気테이프에 収録한 데이터 베이스 CAC의 使用契約을 맺고 또 機械検索프로그램을 導入함으로써, 今年 7月1日부터 컴퓨터에 의한 最新情報検索서비스(SDI)를 본격적으로 提供할 수 있는 体制를 갖추었읍니다.

컴퓨터에 의한 SDI란 새로 入手되는 磁気테이프로부터 각 利用者의 主題에 해당하는 文献情報를 컴퓨터로 가려내서 定期的으로(毎月 또는 隔週) 각 利用者에게 伝達해주는 서어비스입니다.

單位 : 원

내역 \ 구분	분야	데이터 베이스	6個月分	1年分	2年分	비고
SDI/CAC	유기 및 생화학	C 1	10,000	18,000	33,000	300건을 초과할 경우 1件당 20원씩 가산.
	고분자,물리,분석응용및화공	C 2	10,000	18,000	33,000	
	종합	C1+C2	20,000	36,000	66,000	

複 写

본센터에 수집되고 있는 문헌, 특허자료, 규격서, 단행본, 서류 등의 원본을 복사해드릴 뿐 아니라 본센터에 소장되지 않는 자료도 国内他機関 및 外国機関과의 제휴에 의하여 복사해 드리고 있읍니다. 또한 本人이 직접 持参해 오시는 자료도 복사해 드립니다.

내역 \ 구분	항목	단위	개정요금	비고	
복사	소장자료	건	500원	초과요금 (10P마다)	400원 가산
	지참자료	매	60		
	국내타기관자료	건	1,000		500원 가산
	외국기관자료	건	1,600		800원 가산
	AP카아드 및 마이크로피시	매	100		
	마이크로필름 (반화면)	〃	25	필름으로만 제공	
	〃 (전화면)	〃	35	〃	
	초록카아드	매	70		
	목차 (1개월분)	건	70		
필름현상	필름현상료	롤	800		
	Nega↔Posi (film 지참)	〃	700		
	Nega↔Posi(film 1롤제공)	〃	4,000		
	Nega↔Posi(film2롤제공)	〃	7,000		

최종현 교수가 종로서적에서 구입한 외국 서적들

Foreign books purchased by Professor Choi Jong-hyeon at the Chongno Book Center

최종현 기증

유네스코 쿠폰(UNESCO coupon) 제도

유네스코 쿠폰은 외화를 자유롭게 사용할 수 없는 나라에서 자국 화폐로 외국의 학술간행물과 각종 과학 기자재를 좀 더 쉽게 구입할 수 있도록 유네스코가 1948년에 창안한 국제통화였다. 한국은 1961년 8월에 서적과 과학 기자재 쿠폰에 가입하였다.

①		②		③		④		⑤
유네스코 쿠퐁 신청서 제출	→	배정적부 심사	→	배정서 교부	→	유네스코 쿠퐁구입	→	도서공동 구입의뢰
유네스코		유네스코 쿠퐁 배정심사 위원회		유네스코		한국은행 외국부		유네스코 뿍 쎈터

＊출처: 『유네스코 쿠퐁안내』(1961)

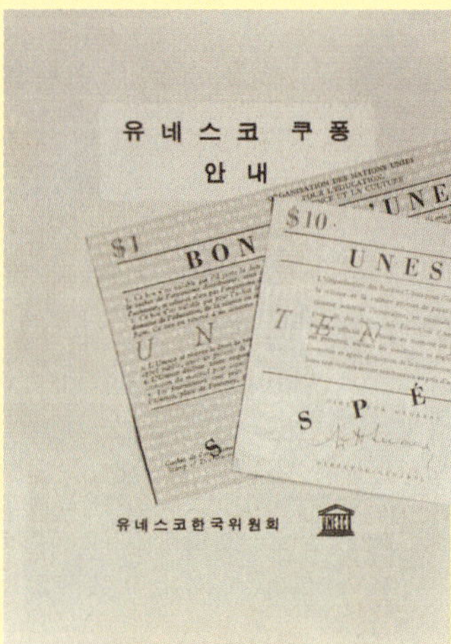

유네스코 쿠폰과 안내서
1961년 | 유네스코 한국위원회

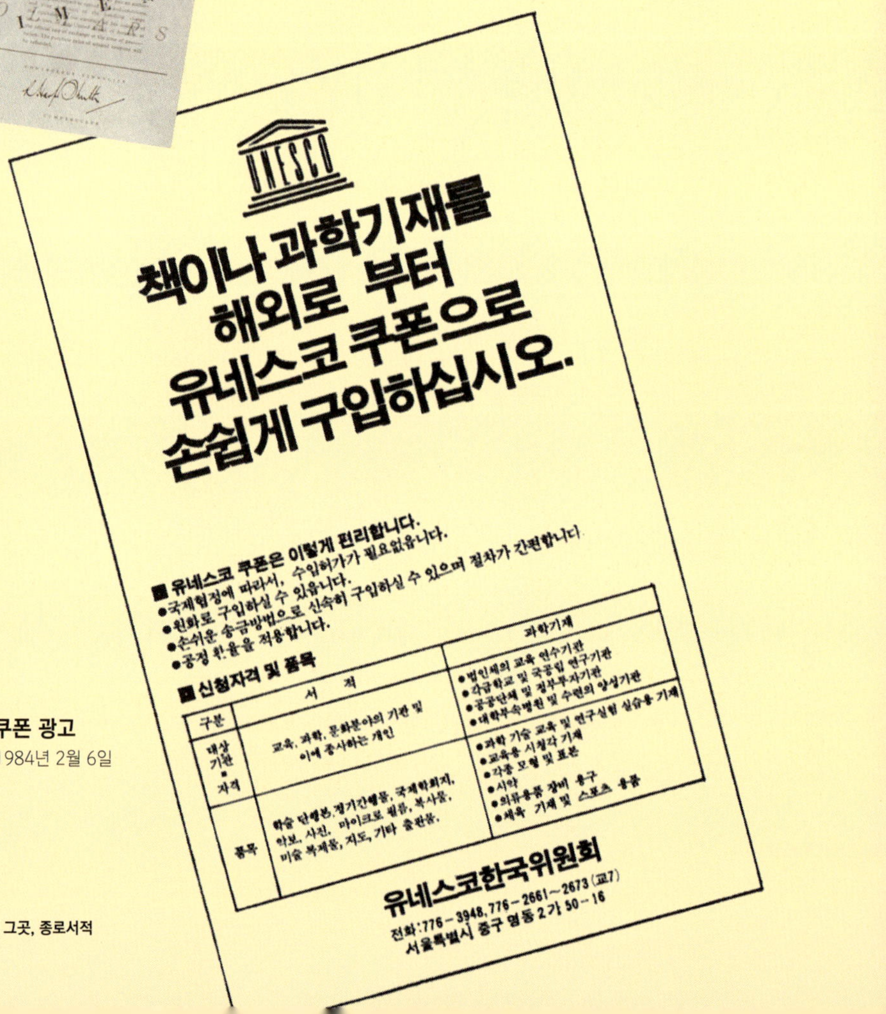

유네스코 쿠폰 광고
《매일경제》 1984년 2월 6일

최신 정보 수집의 경쟁

80년 초나 이럴 때만 하더라도 지금처럼 어떤 정보를 수용하는 게
원활치 않을 때였으니까 그때 대학이나 연구소에 계시는 선생님들 입장에서는
제일 중요한 정보가 외국에서 갓 나온 외국 학술 서적이었어요.
이걸 가지면 그 양반이 한국에서 제일 빠른 정보를 가진 사람이 되는 거니까요.
그래서 우리가 전국을 돌아다니면서 외국서적 전시회를 열었었죠.

전 종로서적 직원, 나종호

외국도서 전시회_전주대학교
1985년 9월 20일 | 전세영

외국도서 전시회_삼성반도체통신 종합연구소
1985년 | 전세영

종로서적

종로서적에서는 1977년부터 〈작가와의 대화〉가 매달 진행되었다. 시대를 대표하는 문인과 작가들을 초청해 독자와 저자를 이어주는 행사로, 종로서적의 서점문화를 압축적으로 보여주는 대표적 이벤트였다.

작가와 독자가 만나는 곳

Venue for Author-Reader Meetups

From 1977, Chongno Book Center organized monthly chats with authors to connect prominent writers of the time with the public, one of the store's major events that exemplified its culture.

작가와 독자가 만나는 곳
종로서적에서는 1977년부터 〈작가와의 대화〉가 매달 진행되었다. 시대를 대표하는 문인과 작가들을 초청해 독자와 저자를 이어주는 행사로, 종로서적의 서점문화를 압축적으로 보여주는 대표적 이벤트였다.
Venue for Author Reader Meetups
From 1977, Chongno Book Center organized monthly chats with authors to connect prominent writers of the time with the public, one of the store's major events that exemplified its culture.
〈작가와의 대화〉 모습_위) 이문열 작가, 아래) 이외수 작가
1981년 / 조유성
종로서적에 언제 처음 가보셨어요?
제127회, 128회 작가와의 대화
《종로서적》 1996년 봄호
새의 선물

작가와의 대화

〈작가와의 대화〉의 주인공으로는 베스트셀러 작가거나
신진작가, 문학상 수상 작가들로 선정했어요.
사회자가 작가를 소개하면, 작가가 본인의 작품 얘기를 하고
마지막에는 참여한 독자와 작가가 문답을 하는 순서로 진행했죠.
종로서적 내부에도 POP로 홍보했고, 신문에 기사도 제법 났죠.

전 종로서적 직원, 조유성

〈작가와의 대화〉 모습
(좌) 이문열 작가 (우) 이외수 작가
1981년 | 조유성

〈작가와의 대화〉에서 사인 받은 책
Books signed by poets during "chats with authors" events
1980년 | (좌) 21.8×14.1×1.7 (우) 21.0×12.3×1.5 | 조유성
이근배 시인의 『노래여 노래여』(1981. 6.)라는 시집으로
〈작가와의 대화〉 담당자였던 소장자가 작가에게 사인을 받은 책이다.

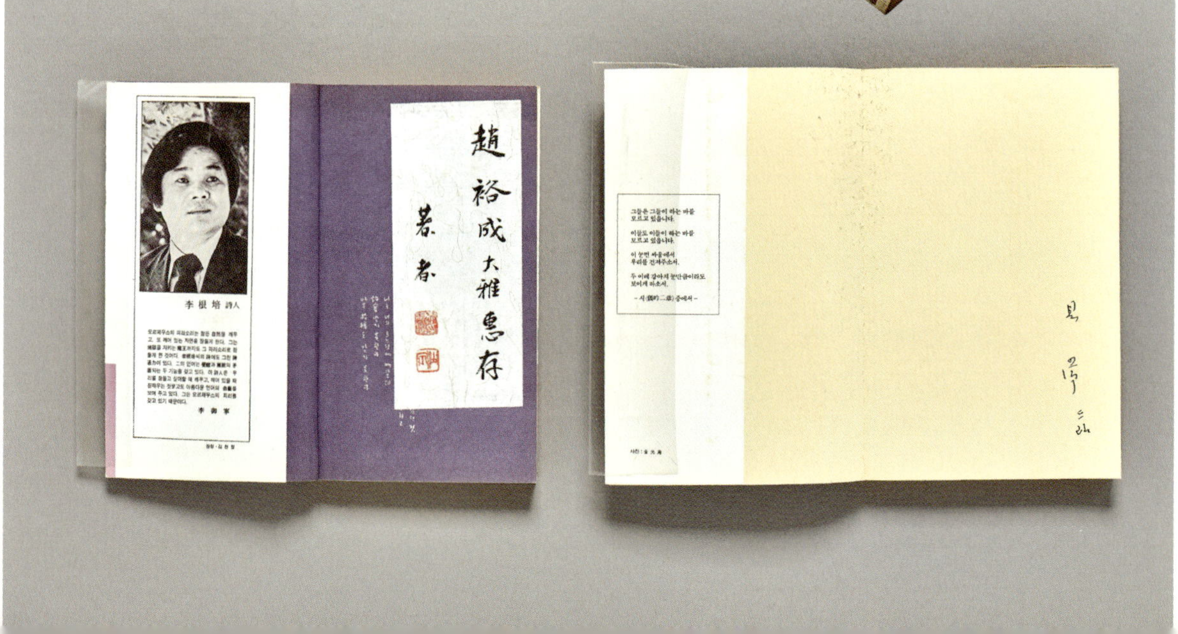

《종로서적》 1981년 봄호

The 1981 spring issue of *Chongno Book Center*

1981년 | 19.1 × 21.1 × 0.4 | 조유성

〈작가와의 대화〉 담당자였던 내서부 판매과장이 작성한 글이 실려 있다. 그는 "책을 통해서만 관계가 이루어졌던 작가와 독자가 한자리에 모여 순수한 대화를 나누는 것에 〈작가와의 대화〉의 목적이 있다"고 하였으며 초대 작가를 선정하는 기준과 행사 일정 등에 대해 설명하고 있다. 1977년부터 시작된 종로서적의 〈작가와의 대화〉는 1979년 10 · 26사건이 터지면서 중단되었다가, 1981년 2월에 재개되었다. 박완서, 안병욱, 박범신, 조세희, 윤후명, 이병주, 조정래, 은희경, 이외수, 김동길, 박노해, 이호철, 마광수, 한비야, 정호승, 최영미 등 약 150명 내외의 작가들이 참여했다.

우리 나름대로 작가를 선정하는 데 몇 가지 기준을 마련하였기에 이 자리를 빌려 알려드리고자 한다. 첫 번째 기준은 베스트셀러를 지은 작가이고, 두 번째는 새로 문단에 나온 작가 그리고 마지막으로는 유명 문학상을 수상했던 작가를 선정하기로 했다. … 쉽게 기억할 수 있도록 매월 마지막 주 토요일 오후 4시에 열기로 하였다. 이 작은 모임은 순수한 문학적 입장에서 이루어지고 있으며 앞으로도 이와 같은 자세는 계속 견지하도록 할 것이다.

에 수용돼야 하며 공공 안녕 질서나 민족 고유의 미풍 양속을 저해하는 도서는 수입될 수 없다.

수입이 된 도서는 매장에 진열되고 판매가 된다. 외서 매장에는 외국 도서 및 기타 관련 분야의 도서가 진열되어 있다. 외국 서적은 영문학, 미국 문학, 언어학, 철학, 심리학, 교육학, 역사학, 사회학, 정치학, 경제학, 경영학, 의학, 간호학, 생물학, 지구 과학, 물리학, 수학, 화학, 화공학, 전기 전자 공학, 컴퓨터학, 일반 공학, 건축학, 예술, 음악, 미술, 체육, 신학 등 분야별로 상세히 분류가 되어 있고 어린이를 위한 도서와 중-고등 학생들의 어학 실력을 돕는 외국 도서가 있으며 국내 출판물인 TOEFL, GMAT, GRE 등 외국어 학습 도서, 카셋트와 또한 음악회와 연극 등의 예매권도 외서부 매장에서 취급되고 있다. 5만여 종에 달하는 도서가 진열되어 있는 외국 서적부 매장은 도서관의 분위기를 방불케 한다. 별관 4층 외서부로 들어오는 입구가 4층 계단과 곧장 연결되어 외서를 찾는 독자들의 출입이 매우 간편해졌다.

특판과의 업무는 국내 서적과 외국 서적을 동시에 취급하며, 납품, 통신 판매 및 도매로 특징지을 수 있다. 전국을 상대로 각 학교, 연구소, 관공서, 기업체 등에 납품을 하고 있으며, 지방 독서인의 편리를 위하여 우편을 이용하는 통신 판매 업무를 담당한다. 또한 서점간의 판매 업무도 하고 있는데, 특판과는 외서부와 내서부에 걸친 업무를 관장하는 특수한 부서이다.

한 권의 책을 수입하고, 독자의 손에 전달하기 위하여 이상과 같은 업무가 외국 서적부에서 이루어지고 있다. 외국 도서 수입과 판매에 있어 가장 신뢰받고 가장 확실한 종로서적 외국 서적부를 만들기 위해 노력하고 있다.

—전 세영(종로서적 외서부 수입계장)

■"작가와의 대화" 소식

작가의 세계를 말하고 독자의 느낌을 털어 놓는다.

79년 9월 초에 「난장이가 쏘아 올린 작은공」의 작가 조 세희 씨를 마지막으로 잠시 중단되었던 "작가와의 대화"가 해를 하나 건너뛰어 지난 2월 14일 오후 4시부터 한 시간 반에 걸쳐 대한 성서 공회의 5층 회의실에서 「도둑놈과 도둑님」의 작가 김 홍신 씨를 모신 가운데 다시 열렸다.

지금까지 "작가와의 대화"에 나오셨던 작가로는 박 완서, 안 병욱, 박 범신, 전 상국, 조 세희 등 여러 작가 분이었다. 이 시간이 되면 30평 남짓한 대한 성서 공회의 5층 회의실에 뜻을 같이 하는 독자들이 찾아와서 열심히 작가의 소리에 귀를 기울이고 또 진지하게 질문도 하곤 했는데, 여러 가지 사정으로 1년 반 동안의 공백 기간이 생겼던 것에 대해 이 시간을 맡고 있는 담당자로서 독자 여러분께 진심으로 사과를 드린다.

"작가와의 대화" 시간을 가질 때마다 우리 담당자들은 가슴을 조이면서 작가와 독자 사이에 벌어지는 대화를 듣고 또 끝나면 약간의 공허감과 함께 그 나름대로의 보람을 느끼곤 한다.

여러 가지 어려움을 헤치면서 "작가와의 대화"를 마련하는 뜻은 책을 통해서만 관계가 이루어졌던 작가와 독자가 한자리에 모여 순수한 대화를 나누도록 하는 데에 있다. 작가와 독자가 얼굴과 얼굴을 맞대고 나란히 앉아서 작가는 자신이 만들어 놓은 작품의 세계와 배경, 등장한 인물들의 성격 그리고 그 작품이 독자와 사회에 주는 의미와 작품 속에서 말하고 싶었던 것을 이야기하고, 독자는 자신이 받았던 느낌을 터놓고 진지하게 이야기하는 분위기란 생각만 해도 즐겁기만 하다. 이제까지 독자는 작가가 일방적으로 써놓은 작품을 영화관의 객석에 앉아 화면을 보는 것같이 의사 소통이 단절된 속에서 책을 대하여 온 것이 사실이다. 그렇지만 이제부터는, 비록 짧은 시간이고 자주 갖지 못하는 모임이지만, 독자들이 작가의 작품을 그냥 읽고 지나치는 것이 아니라 고기를 씹으며 곰곰 그 맛을 즐기는 것과 같이 작품을 음미하는 시간이 되기를 우리 담당자들은 빌 뿐이다.

"작가와의 대화" 시간을 마련하는 중에서 가장 어려운 점은 많은 작가 중 누구를 선정해야 할 것인가 하는 것이다. 객관적인 입장에 서서 독자들에게 도움을 줄 수 있고 또한 독자를 이해할 수 있는 작가를 선정하기란 여간 어려운 일이 아니다. 더구나 작가와 몇 달 전부터 시간 약속을 하는 일은 담당자들의 머리카락을 몇 개쯤 희게 만들기도 한다.

이러저러한 이유에서 우리 나름대로 작가를 선정하는 데 몇 가지 기준을 마련하였기에 이 자리를 빌어 알려드리고자 한다. 첫 번째 기준은 베스트 셀러를 지은 작가이고, 두 번째는 새로 문단에 나온 작가 그리고 마지막으로는 유명 문학상을 수상했던 작가를 선정하기로 했다. 앞으로는 위의 세 가지 기준에 따라 작가를 선정하기로 하고 또 모이는 날짜와 시간도 독자 여러분들이 따로 문의하는 번거러움을 피하고, 쉽게 기억할 수 있도록 매월 마지막 주 토요일 오후 4시에 열기로 하였다.

이 작은 모임은 순수한 문학적 입장에서 이루어지고 있으며 앞으로도 이와 같은 자세는 계속 견지하도록 할 것이다.

—임 창오(종로서적 내서부 판매과장)

53

제가 처음 종로서적에 갔던 것은 76년 겨울이었어요.
지방 학생이었지만 서울로 대학을 지망하는 학생들은 학기 중에
서울에 있는 입시학원에 다닐 수 있게 허용이 됐었거든요.
그때 서울에 올라와서 처음 종로서적에 들어갔을 때,
정말 서울이라는 도시의 문화와 지식의 규모라고 할까.
그런 것을 압도적으로 실감했던 것 같아요.

은희경 작가

제127회, 128회 작가와의 대화

제127회 작가와의 대화에 최근 「새의 선물」을 출간하여 화제를 일으키고 있는 은희경 씨가 초대되었다. 1월 27일(토) 오후 4시 7층 휴게실에서 열린 이날 작가와의 대화에서 초대작가 은희경 씨는 자신의 작품과 관련된 얘기 및 문학관 등에 대해 독자들과 토론하는 자리가 되었다.

《종로서적》 1996년 봄호
1996년 3월 | 조유성

1996년 1월 27일, 『새의 노래』에 대한
<작가와의 대화>가 종로서적에서 열렸어요.
그 행사는 제가 작가가 된 뒤에
처음으로 갖는 독자와의 만남이었어요.
그때 처음으로 독자한테 직접 사인이란 것을 하는데,
그냥 이름만 적으면 되는 줄 알았거든요.
그런데 독자분들이 '좋은 말을 해달라',
'내가 지금 이렇게 힘든 상황인데 잘되라고
한 마디 적어달라' 이런 얘기도 하시고 해서,
'작가라는 것이 생각했던 것보다 더 책임감이 있고
무거운 일이구나'하는 생각을 했던 기억이 나요.

은희경 작가

은희경 장편소설 『새의 선물』
Eun Heekyung's novel *A Bird's Gift*
1995년 12월 | 22.5 × 15.2 × 2.2 | 개인소장

제1회 문학동네 소설상 수상작인
은희경 작가의 『새의 선물』이다.
이 작품으로 1996년 1월 27일 종로서적에서
〈작가와의 대화〉를 진행하였다.

신간소설
계산 하는곳
CASHIER
바둑

꿈을 키워준 나의 일터

서점이 현대화되면서 종로서적의 직원들은 체계화되고 의식적인 서점 관리 및 고객 응대 교육을 받았을 뿐 아니라 일반 '교양 교육'도 받았다. 그래서 종로서적은 '종로대학'의 일부이자 '서점 인재 사관학교'로 불리기도 했으며, 종로서적 출신 임직원들은 교보문고나 영풍문고 같은 대형서점은 물론이거니와 다른 후발 서점의 경영자나 사원이 된 경우가 많았다.

Dream-Nurturing Workplace

With the modernization of Chongno Book Center, staff not only were trained in systematic management and attentive customer service but also received a "general education." This is why the store was often called part of "Jongno University" or "Bookstore Talent Academy." Many of its executives and staff went on to become owners or employees of other bookstores like industry giants Kyobo Book Centre and Youngpoong Bookstore.

종로서적

종로서적의 세련된 서점의 이미지는 사원모집 때마다 넘치는 지원자들을 모았다. 또한 종로서적의 훌륭한 사원 복지제도와 수준 높은 직원 교육으로 인해, 직원들은 적은 월급에도 불구하고 직업적 자부심과 만족도가 높았다.

종로대학을 다니는 서점인의 자부심

Pride in Attending 'Jongno University'

The reputation of Chongno Book Center as a sophisticated bookstore led to an overwhelming number of applicants whenever it advertised job openings. In addition, its excellent benefits and high-quality training built a strong sense of professional pride and satisfaction among employees despite the slightly humble salaries.

《출판저널》 제173호

The Korean Publishing Journal, vol. 173

1995년 7월 | 31.5×25.6×0.2 | 한국출판문화진흥재단

종로서적에서 일하던 이선우씨의 인터뷰가 실려 있다.
월급은 적고 힘든 일이라면서도, 종로서적 서점인으로서의
자부심과 책임감이 드러나는 내용이 담겨 있다.

책 뒤에선 사람들

옛날 '종로대학' 시절이 그리운 '매장박사'

14년째 서점 매장에서 일하는 이선우 계장

요즘들어 이선우씨(37, 종로서적 계장)가 맞는 아침은 좀 특별하다.

십사년째 종로서적으로 출근하다가 보름전부터 여의도 방면의 버스를 타고 그곳 쌍용타워 지하에 있는 서적부로 파견근무를 하기 때문이다. 이씨가 하는 일은 쌍용타워 직원이나 근방에 근무하는 사람들이 주문하는 책이나 문구류를 종로서적으로부터 받아 신속하게 갖다 주는 일이다. 엄밀히 따져보면 이씨의 일은 그동안 종로서적 매장에서 근무할 때와 별반 다를 것이 없지만, 빌딩 안에 있는 잠재독자를 개발해야 하는 업무도 막중하게 짊어지고 있다.

안양에서 태어나 23살에 종로서적에 입사한 이선우씨는 서점매장에서 일하는 여직원들 가운데 처음으로 계장 직급을 단 독보적인 인물이다. 한 직장에 십년 넘게 근무하기도 어려운데 3D 직업으로 알려진 서점매장에서 그렇게 오래도록 근무한 사람은 드물다. 신간을 가장 많이 꿰뚫고 있는 '도사급'이라 출판영업자들 사이에도 인기가 많다.

신간정보에 환한 '도사급'

"얼마전 안양에서 신촌으로 이사왔어요. 출근시간을 단축해서 준비작업을 철저히 해야겠다는 생각이 들었거든요. 여기 사람들에게 책을 읽게 하려면 매장에서 근무할 때와 달리 전략도 필요해요. 서적부가 있다는 것도 알리고, 여기 사람들이 필요로 하는 책을 파악해서 구비하다보면 아침시간이 금쪽같죠."

안양에서 태어나 23살에 종로서적에 입사한 이씨는 서점 매장에서 일하는 여직원들 가운데 처음으로 계장 직급을 단 독보적인 인물. 사람이 한 직장에 십년이 넘게 근무한다는 것도 어려운데, 요즘같은 세상에 3D직업으로 알려진 서점 매장에서 그렇게 오래도록 근무한 사람으론 이씨 말고는 찾아보기가 어렵다. 이씨는 출판영업자들 사이에서도 인기가 많다. 신간을 가장 많이 읽고, 또 책의 성격을 파악, 제자리를 찾아서 깔아놓는 데는 '도사급'이기 때문.

"책을 읽지 않으면 어떤 작가가 무얼 썼는지 알 수 없죠. 전부 읽지 못해도 저자나 제목, 출판사 정도는 환히 꿰고 있어야 독자들에게 신속하게 책을 갖다 줄 수 있어요."

이씨는 "내가 일하는 분야에서 일인자가 되는 것이 삶의 철학"이라며, 자신이 이 분야에만 종사하고 있는 이유를 이렇게 말한다.

"현재의 종로서적이 4층짜리 건물일 때 제가 들어왔어요. 우습게 들리겠지만 70대1의 경쟁을 뚫고요. 문고 파트에 처음 발령이 났는데 그때 선배들이 당부했던 말이 생각나요. 종로서적을 단순한 서점이 아닌 '종로대학'이라 여기고 자기가 맡은 파트에서 '박사' 소리를 듣게끔 일하라는 얘기였죠. 그후 문학파트를 10년 가까이 맡으면서 저는 국내외 문학 모두를 망라해야겠다는 각오를 다졌어요. 도서목록을 외우고, 또 신간이 나올 때마다 추려서 읽고 하면서 지금까지 달려왔어요."

컴퓨터로 도서검색을 할 수 없던 시절에 저자명이며 제목, 내용, 출판사를 적은 도서목록을 가지고 안양에서 종로까지 오는 전철안에서 달달 외우기도 했다는 이씨. 이제는 손님이 찾는 책이 몇번째 줄 몇째칸에 꽂혀 있는지도 환히 꿸 정도이다. "문학분야에서 외국 소설은 꾸준한 편이고, 국내저작으론 전문직업을 가진 사람들이 쓴 에세이와 인간관계를 다룬 책이 잘 팔린다"는 얘기도 서슴지 않고 할 수 있게 됐다.

'자부심' 하나로 악조건 견뎌

그동안 후배도 많이 생겼지만 매일 서서 일하는 그들을 볼 때면 여간 안쓰러운 게 아니라고 한다.

"제가 수당 합쳐서 13만원 받고 다닐 때는 그래도 책 읽는 재미가 저를 사로잡았기 때문에 그런대로 견뎠어요. 그렇지만 임금 박하고, 시간 없고, 휴일 없는 건 아직도 여전하죠. 한창 때인 후배들이 주말도 잊고 사는 걸 볼 때마다 안타깝죠."

이씨는 이런 악조건을 상쇄시켜주는 것이 바로 '자부심'이라고 한다. 아무리 유명한 작가라도 내 손을 거치지 않으면 독자를 만날 수 없다는 자부심을 후배들이 가져줬으면 하는 바람이다. 더불어 출판 종사자나 독자들도 매장 직원들의 고충이나 중요성을 인식해주면 좋겠다고 말한다.

"무심코 깔아놓은 책이 '사회악'이 될 수도 있다면 비약이 너무 심한가요? 그렇지만 책 한권을 제자리에 꽂는 일이 그리 쉽지만은 않아요. 더더구나 손님한테 권하는 책은 양서라고 판단되는 것을 권해야 하거든요. 그러니 어떻게 책을 읽지 않을 수 있겠어요?"

이씨는 종로서적에서 2년간 주임을 거쳐 여성으로선 처음 계장을 달았기에 "여직원에게도 승진 기회를 주는 것이 오래 근무할 수 있게 하는 힘이 된다"고 강조한다. 여건만 되면 정년퇴직도 바라볼 참이라는 그의 각오가 신선하다. '매너리즘 타파'를 위해 쌍용타워 서적부로 왔다는 이씨의 활동이 자못 기대된다.

요즘 이씨의 즐거움은 주말 등산이다. 그 때문인지, 추진력있고 의욕적이면서 자연을 좋아하는 사람과 결혼하고 싶다며 수줍게 웃는다.

— 배은희 기자

쌍용타워 지하서적부에서 보기좋게 책을 정리하는 이선우계장의 손길이 바쁘다(위) 이계장은 "좋은 신간이 나왔는데 읽어 보시겠어요?" 하며 애교스럽게 한권 더 주문 받는 수완을 발휘한다.(아래)

22 출판저널

압도적인 면접 경쟁률

제가 81년도 10월 입사한 때가 인원을 30명 뽑았는데
1,500명이 왔어요. 그래서 종로서적 일대가 완전 마비가 된 거지.
사람들이 건물을 몇 겹씩 돌아 줄을 서가지고.
면접장에 보통 (지원자) 7-8명 정도씩 들어갔던 것 같아요.
면접이 한 3차까지 있었는데 하루에 다 못 봤어요.

전 종로서적 직원, 신영옥

종로서적이라는 곳이 그때 당시에 인지도가 좋았거든요.
많은 사람들이 지원하니까 여기 합격하면
내가 좀 인정받는 사람이구나라는 어떤 자부심을 갖고 들어오는 거죠.

전 종로서적 직원, 이숙경

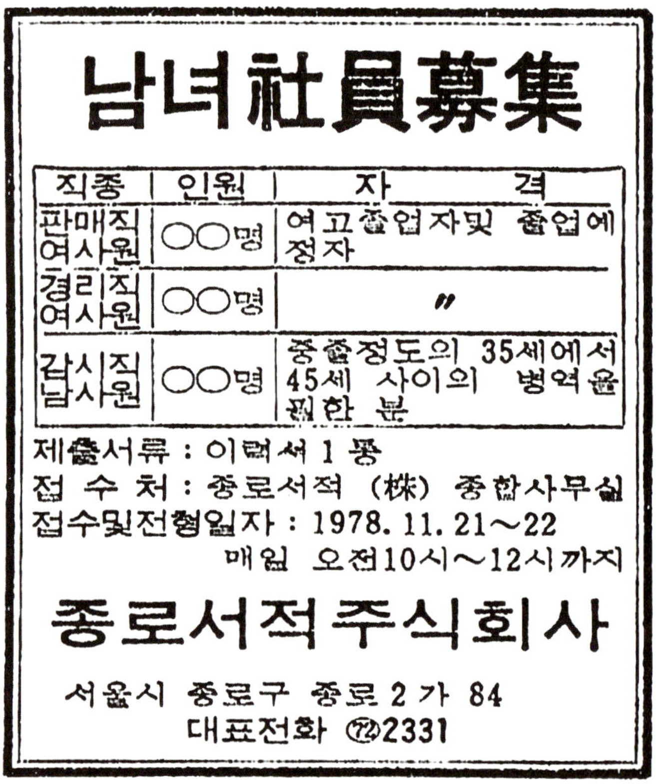

남녀社員募集

직종	인원	자격
판매직 여사원	○○명	여고졸업자및 졸업예정자
경리직 여사원	○○명	〃
감시직 남사원	○○명	중졸정도의 35세에서 45세 사이의 병역을 필한 분

제출서류 : 이력서 1통
접 수 처 : 종로서적 (株) 종합사무실
접수및전형일자 : 1978. 11. 21～22
매일 오전10시～12시까지

종로서적주식회사

서울시 종로구 종로 2가 84
대표전화 ⑫2331

남녀사원모집 광고
《조선일보》 1978년 11월 19일

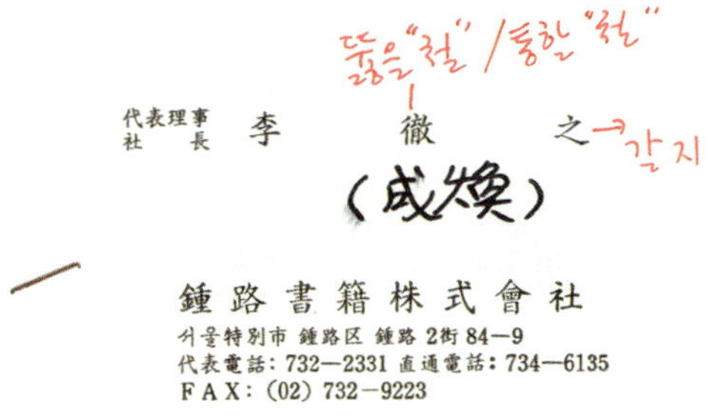

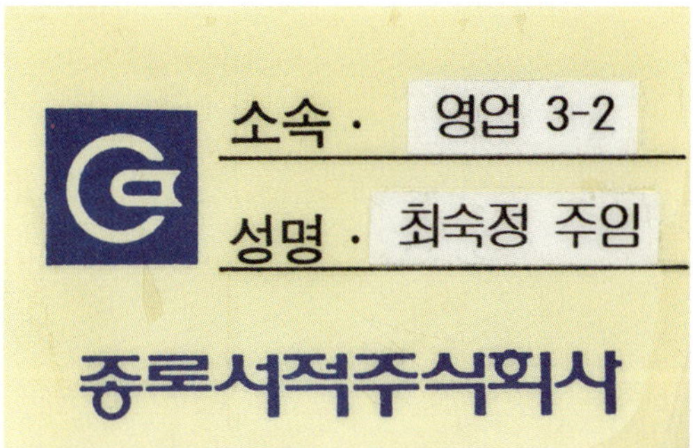

같이 일하던 언니와 헤어지면서 받은 명함이에요.
명함 뒷면에 인사말과 연락처를 써줬어요.

전 종로서적 직원, 김연정

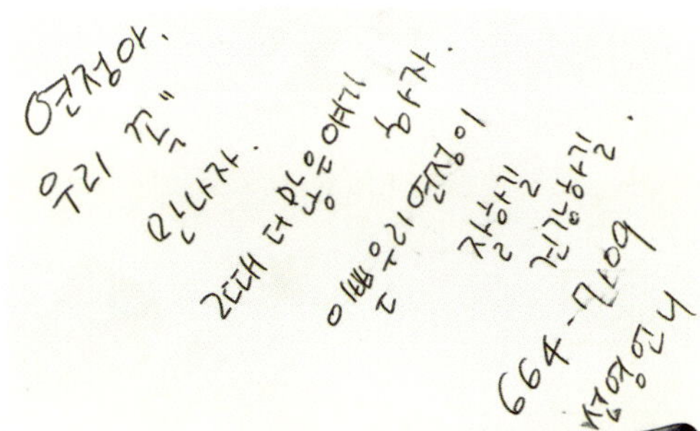

종로서적 직원 명함과 명찰

Chongno Book Center
employee business cards and name tags

1980~90년대 | (명함) 5.4 × 9.0 (명함첩) 19.1 × 11.6 × 1.2 |
김연정, 이철지, 전세영, 최숙정

종로서적에서 근무했던 직원들의 명함과 명찰, 명함집이다.
그들에게는 종로서적 직원으로서의 자부심이 컸고
좋은 기억이 많았던 만큼, 세월이 흘렀음에도 그 흔적들을
소중하게 간직하고 있었다.

종로서적 여직원 월급명세서

Chongno Book Center female employee's paycheck

1992~93년 | 9.3×21.7 | 김연정

1992~93년도 종로서적에서 근무했던 여직원 김연정씨의 월급명세서로,
수당을 제외한 기본급이 264,000원인 것을 알 수 있다. 직종별로 차이는 있겠지만,
1992년도 초임 관련 기사에서 고졸 이하 산업 종사자의 초임이 393,000원이었던 것으로 보아
직원들의 구술에서 자주 등장하듯이 월급은 적은 편이었다는 것을 알 수 있다.

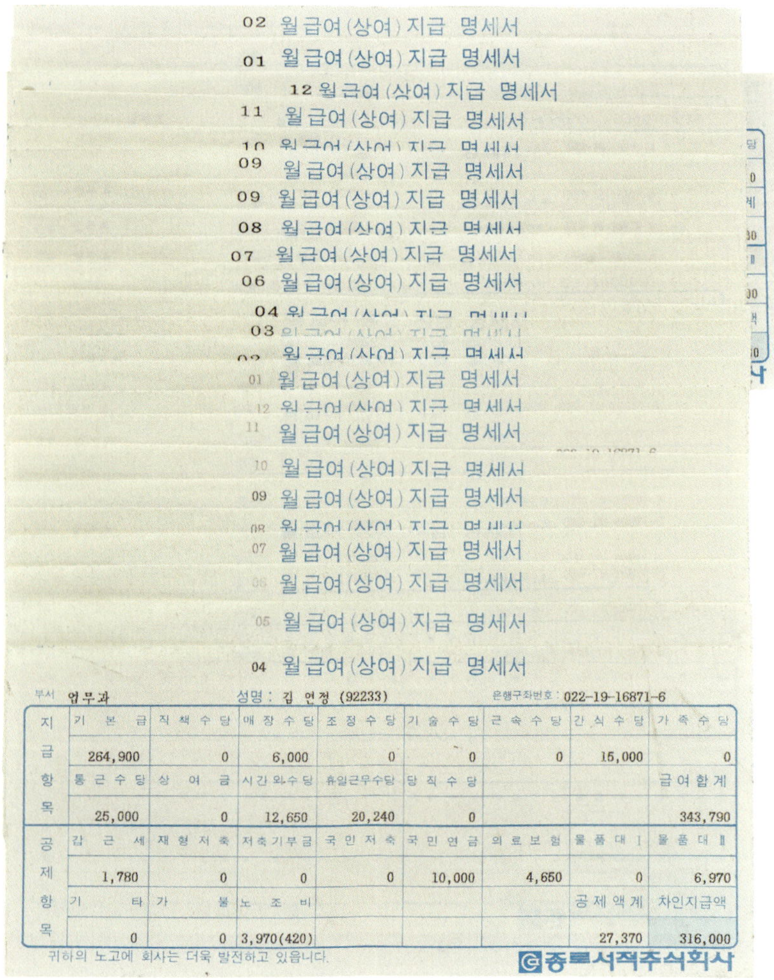

04 월급여(상여) 지급 명세서

부서 업무과 성명: 김 연정 (92233) 은행구좌번호: 022-19-16871-6

지급항목	기본급	직책수당	매장수당	조정수당	기술수당	근속수당	간식수당	가족수당
	264,900	0	6,000	0	0	0	15,000	0
	통근수당	상여금	시간외수당	휴일근무수당	당직수당			급여합계
	25,000	0	12,650	20,240	0			343,790
공제항목	갑근세	재형저축	저축기부금	국민저축	국민연금	의료보험	물품대 I	물품대 II
	1,780	0	0	0	10,000	4,650	0	6,970
	기타	가불	노조비				공제액계	차인지급액
	0	0	3,970(420)				27,370	316,000

귀하의 노고에 회사는 더욱 발전하고 있읍니다.

종로서적주식회사

"

봉급은 좀 박했어요. …
그런데 종로서적에 대한 인식이 좋았어요.
그 당시에 항상 음악이 은은하게 나오고,
예쁜 유니폼을 입고,
세련되고 고급스러워 보이는 책방에서
근무한다는 게 좋아 보였어요.

전 종로서적 직원, 조명자 "

산업별 · 직급별 초임 수준(상여금 제외)

직급	전체	광업	건설업	제조업
대졸	529,000	732,000	539,000	525,000
전문대졸	450,000	572,000	501,000	441,000
고졸 이하	393,000	510,000	392,000	389,000

※ 《매일경제》 1992년 9월 24일자 기사 〈올 임금 10.3% 올랐다〉 일부 발췌

종로서적에서 근무하던 모습을 찍은 직원들 사진

1-2. 종로서적 내서부에서 근무하던 조유성씨의 사진
1980년대 | 조유성

3-5. 유니폼을 입고 영업 준비하는 문학부 여직원들의 모습
1980년대 말 | 이철지

6-8. 문학부에서 근무했던 이선우, 장문희씨의 사진
1990년대 | 장문희

독학으로 POP전문가

POP(point of purchase)라는 게 상품 판매를 위한 안내 홍보물이죠.
항상 아침마다 매장을 둘러보면서
'어디에 뭐가 필요한가, 어떻게 꾸며야 눈에 더 잘 들어올까' 생각을 해요.
그 당시엔 POP학원도 없었어요. 가까운 명동에 있는 백화점이나
패션 매장 같은 곳 가서 그걸 눈으로 직접 보고 배워 오는 거죠.

전 종로서적 직원, 김소진

종로서적 POP 자료 앨범

Album containing POP materials related to Chongno Book Center

1986~87년 | 29.2 × 24.0 × 5.0 | 김소진

소장자가 종로서적에서 근무할 당시에 제작했던 POP와
디자인물품 등을 사진으로 찍어서 보관한 앨범이다.
2부를 만들어서 퇴사할 때 인수인계의 참고자료로 한 부를 두고,
나머지를 기념으로 보관하고 있었다고 한다.
도서나 상품에 대한 홍보물 외에도 매장 곳곳에
안내가 필요한 곳이나 시기에 따라 필요한 POP를 제작 · 설치하였으며
사진 하단에 POP 제작 시 참고할 사항이 기입되어 있다.

여러개를 전시하여 효과적인 움직이는 POP

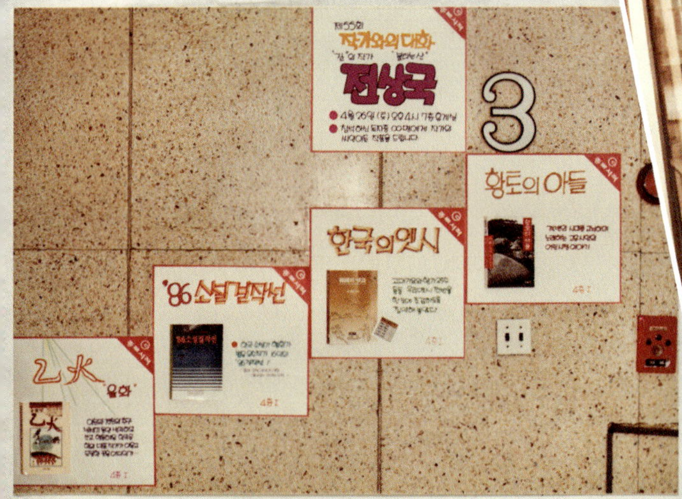

각층계단에 전시되는 신간안내 Poster

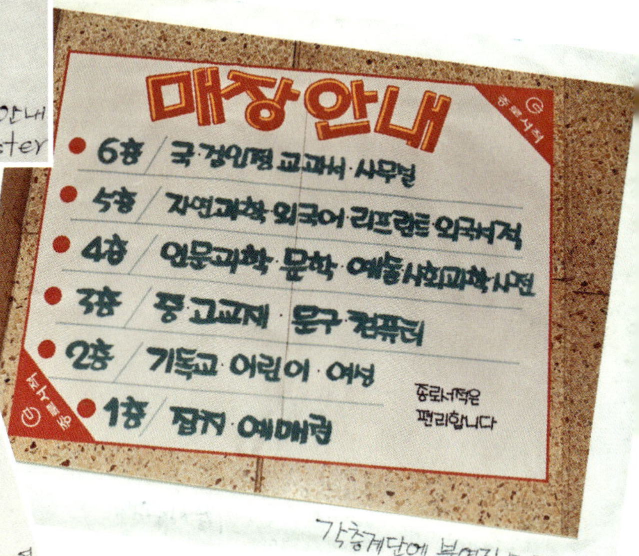

각층계단에 붙여진 매장안내

천정벽에 붙인 외국서적부 안내 – 바탕색과 동일하여 깔끔하다

《종로서적》 1986년 여름호

The 1986 summer issue of *Chongno Book Center*

1986년 | 19.1 × 21.1 × 0.4 | 조유성

종로서적이 "종로서적센터"였던 1960~70년대에 근무했던 여직원들이 퇴직 후 다시 종로서적에 찾아와 나눈 이야기를 담은 기사가 실려 있다. 〈친정 나들이, 영원한 종로인입니다〉의 기사에는 종로서적센터 초창기부터 다양한 직원 복지가 이루어지고 있었음을 알 수 있다.

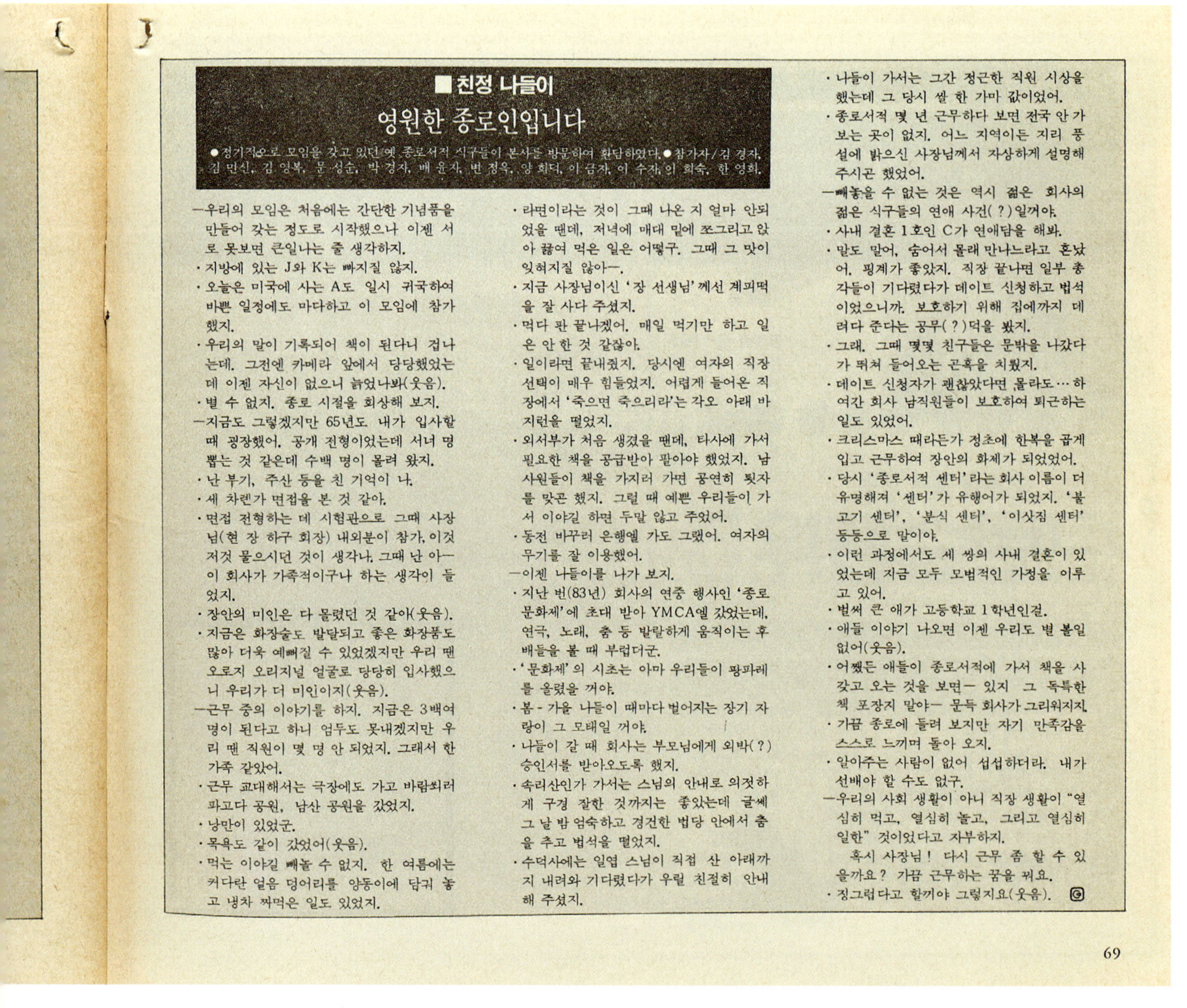

■ 친정 나들이

영원한 종로인입니다

● 정기적으로 모임을 갖고 있던 옛 종로서적 식구들이 본사를 방문하여 환담하였다. ● 참가자 / 김 경자, 김 민신, 김 영복, 문 성순, 박 경자, 배 윤자, 번 정옥, 양 회덕, 이 금자, 이 수자, 임 희숙, 한 영희.

—우리의 모임은 처음에는 간단한 기념품을 만들어 갖는 정도로 시작했으나 이젠 서로 못보면 큰일나는 줄 생각하지.

· 지방에 있는 J와 K는 빠지질 않지.

· 오늘은 미국에 사는 A도 일시 귀국하여 바쁜 일정에도 마다하고 이 모임에 참가했지.

· 우리의 말이 기록되어 책이 된다니 겁나는데. 그전엔 카메라 앞에서 당당했었는데 이젠 자신이 없으니 늙었나봐(웃음).

· 별 수 없지. 종로 시절을 회상해 보지.

—지금도 그렇겠지만 65년도 내가 입사할 때 굉장했어. 공개 전형이었는데 서너 명 뽑는 것 같은데 수백 명이 몰려 왔지.

· 난 부기, 주산 등을 친 기억이 나.

· 세 차렌가 면접을 본 것 같아.

· 면접 전형하는 데 시험관으로 그때 사장님(현 장 하구 회장) 내외분이 참가, 이것저것 물으시던 것이 생각나. 그때 난 아— 이 회사가 가족적이구나 하는 생각이 들었지.

· 장안의 미인은 다 몰렸던 것 같아(웃음).

· 지금은 화장술도 발달되고 좋은 화장품도 많아 더욱 예뻐질 수 있었겠지만 우리 땐 오로지 오리지널 얼굴로 당당히 입사했으니 우리가 더 미인이지(웃음).

—근무 중의 이야기를 하지. 지금은 3백여 명이 된다고 하니 엄두도 못내겠지만 우리 땐 직원이 몇 명 안 되었지. 그래서 한 가족 같았어.

· 근무 교대해서는 극장에도 가고 바람쐬러 파고다 공원, 남산 공원을 갔었지.

· 낭만이 있었군.

· 목욕도 같이 갔었어(웃음).

· 먹는 이야길 빼놀 수 없지. 한 여름에는 커다란 얼음 덩어리를 양동이에 담궈 놓고 냉차 짜먹은 일도 있었지.

· 라면이라는 것이 그때 나온 지 얼마 안되었을 땐데, 저녁에 매대 밑에 쪼그리고 앉아 끓여 먹은 일은 어떻구. 그때 그 맛이 잊혀지질 않아—.

· 지금 사장님이신 '장 선생님' 께선 계피떡을 잘 사다 주셨지.

· 먹다 판 끝나겠어. 매일 먹기만 하고 일은 안 한 것 같잖아.

· 일이라면 끝내줬지. 당시엔 여자의 직장 선택이 매우 힘들었지. 어렵게 들어온 직장에서 '죽으면 죽으리라'는 각오 아래 바지런을 떨었지.

· 외서부가 처음 생겼을 땐데, 타사에 가서 필요한 책을 공급받아 팔아야 했었지. 남사원들이 책을 가지러 가면 공연히 퇴자를 맞곤 했지. 그럴 때 예쁜 우리들이 가서 이야길 하면 두말 않고 주었어.

· 동전 바꾸러 은행엘 가도 그랬어. 여자의 무기를 잘 이용했어.

—이젠 나들이를 나가 보지.

· 지난 번(83년) 회사의 연중 행사인 '종로 문화제'에 초대 받아 YMCA엘 갔었는데, 연극, 노래, 춤 등 발랄하게 움직이는 후배들을 볼 때 부럽더군.

· '문화제'의 시초는 아마 우리들이 팡파레를 울렸을 꺼야.

· 봄 - 가을 나들이 때마다 벌어지는 장기 자랑이 그 모태일 꺼야.

· 나들이 갈 때 회사는 부모님에게 외박(?) 승인서를 받아오도록 했지.

· 속리산인가 가서는 스님의 안내로 의젓하게 구경 잘한 것까지는 좋았는데 글쎄 그 날 밤 엄숙하고 경건한 법당 안에서 춤을 추고 법석을 떨었지.

· 수덕사에는 일엽 스님이 직접 산 아래까지 내려와 기다렸다가 우릴 친절히 안내해 주셨지.

· 나들이 가서는 그간 정근한 직원 시상을 했는데 그 당시 쌀 한 가마 값이었어.

· 종로서적 몇 년 근무하다 보면 전국 안 가보는 곳이 없지. 어느 지역이든 지리 풍설에 밝으신 사장님께서 자상하게 설명해 주시곤 했었어.

—빼놓을 수 없는 것은 역시 젊은 회사의 젊은 식구들의 연애 사건(?)일꺼야.

· 사내 결혼 1호인 C가 연애담을 해봐.

· 말도 말어, 숨어서 몰래 만나느라고 혼났어. 핑계가 좋았지. 직장 끝나면 일부 총각들이 기다렸다가 데이트 신청하고 법석이었으니까. 보호하기 위해 집에까지 데려다 준다는 공무(?)덕을 봤지.

· 그래. 그때 몇몇 친구들은 문밖을 나갔다가 뛰쳐 들어오는 곤혹을 치뤘지.

· 데이트 신청자가 괜찮았다면 몰라도… 하여간 회사 남직원들이 보호하여 퇴근하는 일도 있었어.

· 크리스마스 때라든가 정초에 한복을 곱게 입고 근무하여 장안의 화제가 되었었어.

· 당시 '종로서적 센터'라는 회사 이름이 더 유명해져 '센터'가 유행어가 되었지. '불고기 센터', '분식 센터', '이삿짐 센터' 등등으로 말이야.

· 이런 과정에서도 세 쌍의 사내 결혼이 있었는데 지금 모두 모범적인 가정을 이루고 있어.

· 벌써 큰 애가 고등학교 1학년인걸.

· 애들 이야기 나오면 이젠 우리도 별 볼일 없어(웃음).

· 어쨌든 애들이 종로서적에 가서 책을 사 갖고 오는 것을 보면— 있지 그 독특한 책 포장지 말야— 문득 회사가 그리워지지.

· 가끔 종로에 들려 보지만 자기 만족감을 스스로 느끼며 돌아 오지.

· 알아주는 사람이 없어 섭섭하더라. 내가 선배야 할 수도 없구.

—우리의 사회 생활이 아니 직장 생활이 "열심히 먹고, 열심히 놀고, 그리고 열심히 일한" 것이었다고 자부하지.

혹시 사장님! 다시 근무 좀 할 수 있을까요? 가끔 근무하는 꿈을 꿔요.

· 징그럽다고 할꺼야 그렇지요(웃음).

69

박봉이지만 직원 복지는 최고

종로서적은 직원 복지도 수준급이었다. 구내식당은 무료인데도 종로거리에서 최고의 맛을 자랑했고, 사원들이 자발적으로 사우회를 조직하자 회사는 축구반, 탁구반, 기타반, 합창반, 무용반 등 취미활동을 전액 지원했다. 사원들의 교육 또한 철저했다. 강만길, 김동길, 한완상, 황필호 교수 등 저명인사를 초청해 당시 사회적으로 민감한 이슈를 주제로 정기적인 특강을 열었다. 봄가을에는 전 직원이 체육대회와 나들이를 통해 종로인으로서의 결속력을 다지곤 했다. 요즘에야 대수롭지 않은 일이지만 80년대 초에는 결코 쉽지 않은 경영방침이었다.

김영수, 〈종로서적 추억 속으로 저물다〉, 《주간동아》 2004년 10월 13일

《종로서적》 1982년 여름호

The 1982 summer issue of *Chongno Book Center*

1982년 | 19.1 × 21.1 × 0.4 | 조유성

종로서적 소식란에서 사원들의 봄 나들이, 교양강좌, 근로자의 날 기념 잔치 등의 직원 복지 행사들을 확인할 수 있다.

종로서적 소식

본사 전사원 영주 부석사로 봄 나들이

본사는 지난 5월 9일, 영주 부석사에 봄 나들이를 다녀왔다. 이번 봄 나들이에서는, 우리나라에서 가장 오래된 목조 건물인 무량수전이 있는 부석사를 비롯하여 소수 서원, 탁사정을 두루 찾아 보았다.

봄 나들이에는 본사 임직원 230명이 참가했다.

영주 부석사에서 종로서적 식구들이 함께.

사원 교양 강좌

본사는 4월과 5월에 전사원을 대상으로 한 교양 강좌를 실시하였다.

4월 1일 : "행복이란 ? "(강사/김 동길, 전 연세대 교수)

5월 3일 : "북한 실정"(강사/김 용규, 귀순 용사)

남사원 채용

본사는, 2월 20—22일에 걸쳐 실시한 신입 사원 전형으로 남사원 16명을 공개 채용했다. 이번 채용 시험 총 응모자는 236명이었다.

근로자의 날 푸짐한 떡잔치

본사는 지난 3월 10일 근로자의 날을 맞아 사원들의 노고를 치하하는 떡잔치가 있었다. 이 잔치는 본사 직원들은 물론 본사를 찾은 출판사 손님께도 대접하여 즐거운 하루가 되었다. 아울러 사원들에겐 기념품 지급이 있었다.

거리질서 캠페인

본사는 지난 4월 20일과 5월 20일, 두 차례에 걸쳐 각각 20여 명의 남녀 사원들이 참여하여 거리질서 캠페인을 가졌다. 매월 20일에 실시하는 이 캠페인의 구역 위치는 종로 2가 파고다 공원 앞이다.

종로 2가 파고다 공원앞 '거리질서 캠페인' 모습

본사 장 하린 사장, 한-중 서적상 회의 참가

본사 장 하린 사장은 지난 5월 4일부터 8일까지 자유중국 대북에서 열린 한국-중국 서적상 연합회의에 참석하였다.

"신간 소식" 발간

본사 기획부에서는 지난 4월 10일, 보다 빠른 신간 정보와 도서 안내를 위한 길잡이로서 「신간 소식」을 발간했으며, 이 신간 소식은 전국 도서관이나 학교 기타 연구 단체 등에 무료 배부된다.

우수 장난감 전시

본사 기획부에서는 5월 가정의 달을 맞이하여 5월 3일-8일까지 4층 2매장에서 우수 장난감 전시회를 가졌다. 이 전시회에는 어머니와 아기가 함께 푸는 수자놀이판 및 150여 종의 우수 장난감이 선보였다.

정부 간행물 전시 판매

본사는 일반 시중 서점에서 취급하지 않는 정부 간행물과 방송 통신 대학 교재를 3월 15일부터 본사 4층 1매장에서 판매를 실시하고 있다.

출판부 다시 본사로

동자동으로 이전했던 본사 출판부가 다시 본사로 들어와 업무를 보고 있다.

라디오 프로 도서 증정

본사 기획부에서는 홍보용 우량도서를 각 방송국 프로에 다음과 같이 증정하고 있다.

1. CBS "부인 안녕하세요 ? ", "찬양의 꽃다발"
2. KBS 제2FM "명곡 감상", "청소년 음악실"
3. KBS 제1AM "밤하늘의 멜로디"

또한 2월 23일부터 매주 화요일 오전 6시 45분에 KBS 제2라디오 '아침의 로타리'와 3월1일부터 매주 토요일 오후 8시 50분에 KBS 제1FM '주말의 멜로디'에 각각 베스트 셀러 안내 및 본사 제공의 신간 안내를

65

《종로서적》 사우회 소개

Appearance of employee association in *Chongno Book Center*

1983~84년 | 19.1 × 21.1 × 0.4 | 조유성

1983년 가을 · 겨울호, 1984년 봄호에 이르기까지 종로서적 내 사우회인 무용반, 연극반, 꽃꽂이반을 소개하고 있다.

사우회 소개 • 연극반

연극의 매력이란 정말 대단하다. 그 매력은 완성한 작품을 내보이는 데에서도 생겨나는 것이 겠지만, 그것을 하는 과정을 말하는 것이다. 처음 대사 연습을 할 때는 막연히 모두를 이것이 연극 …

자부심을 가져보기도 하는 기회가 될 것이다. 필자는 이번 종로문화제에서 발표했던 '봇물이 터졌으라우'를 연습하는 동료들의 연습 광경을 보며 좋은 웃음을 몇 번이고 웃으며 지켜보았다. '여기서는 동작을 좀 크게 하고 천천히 하여야 하니까 '이그' 하고 손을 올리고 '하나 둘 셋 넷 다섯 여섯'을 속으로 세고 그리고 '이잉' 하고 내리는거야' 라고 연출이 지시를 했는지 주인공의 그 장면 차례에는 옆사람들은 '하나, 둘, 셋, 여섯' …

사우회 소개 • 무용반

하아나~. 두울~.

호흡을 길게 내쉬며 팔을 쭈욱 뻗고는 예쁜 미소와 더불어 아름다워지려는 노력은 대단하다. 지금까지는 Ballet의 기초 동작을 익히고 있지만 무용반 사우들은 모두 자신에 넘친 분위기로 아름다운 프리마돈나가 되려고 열심들이다.

매주 수요일 퇴근 후에 모임을 갖는 무용반원들은 피곤함을 전혀 모른다. 예술가들의 피나는 노력에 까지야 비할 수는 없으나, 무용 동작 하나하나를 익히는 수없는 연습을 볼 때면 그들 또한 예술가의 열정에 진데 없는 노력을 한다.

사우들의 사기를 드높이는 것은 회사측의 적극적인 지원이다. 무용복에서 신발까지 준비를 하여 주고 매주 수요일 모임 연습 시간에는 간식을 챙겨준다. 기본… 로 몸을 풀고 있노… 에서 마련한 간식… 다. 감사하는 마… 시간이 지나면 … 땀을 흘린 연습… 그 상쾌함과 … 좋다. 지금까… 발레 기초, 에어로빅 기초, 그리고 재즈 기초로 이젠 제법들 멋진 포즈를 취하기도 한다.

한껏 멋을 부린 무용복을 입고서도 강사 선생님의 새로 바뀐 무용복을 유심히 뜯어보는 그들의 눈길에서 멋을 갖고 싶은 여자다움이 여…히 보인다.

…을 한달을 주기 … obic … 하고 있는 무용반 21명 사우들은 에어로빅 둘, 재즈, 현대 무용 하나 씩을 발표 계획으로 하고 일사불란한 모임과 착실한 연습으로 그 면모를 드러내 보이겠다는 각오들이다. 그 각오에 박차를 가하겠다는 계획은 이제 매주 일요일에도 무용 연구소를 빌려 철저한 연습을 할 예정으로 확대 되었다.

반장 김 철성 사원을 위시로 20명은 회사 업무에도 무척이나 열성을 보이는 부지런한 사우들이다. 그들은 부지런한 생활과 서로간의 아름다운 우정을 갖고 있다. 매번 모임을 갖고 연습을 할 때마다, 모두가 하나같이 호흡을 일치시키고 동작을 일치시키다 보니 자연스럽게 사우애도 움텄을 것이다. 그들의 선후배 간의 아껴주는 마음을 모두들 부러워 하고 있는 터이다.

아름다운 표정과 아름다운 맵시와 아름다운 마음씨를 곁들여 배우는 그들 모두를 우리는 종로 문화 제전의 무용 발표회에서 만나게 될 것이다.

무용반 사우들의 열과 성… 연습 과정에 쏟는 …다.

사우회 소개 • 꽃꽂이반

꽃꽂이 작품은 어느 다른 예술 작품에도 비길 만한 생동력과 아름다움이 있다.

소재와 구도에 따라 그 모양은 웅장한 나무의 억사를 보는 듯도 하고, 보드라운 새털의 느낌을 주기도 한다.

소재들의 조화로서 이루어지는 꽃꽂이는 작품을 만드는 이의 섬세한 감각과 정성이 어우러져 완성된다.

빈 수반과 침봉 위에 꽃가지가 자리하고 아름다운 꽃들의 조화가 이루어져 갈 때면 어느듯 때견듯이 마음에 쌓였던 한주일의 혼란이 사라지고 맑은 생각들로 변화되는 심성의 조화도 생기게 된다.

이 묘미를 바로 꽃꽂이반 사우들이 매주 목요일마다 만끽하는 것이다.

묶음으로 놓여 있는 꽃과 가지 그리고 수반, 이것들을 조화롭게 놓는 그들의 모습은 무척이나 아름답다.

국내 최고의 정 순욱 사범을 강사로 초빙하여 강습을 받고 있는, 복많은 우리 꽃꽂이반 사우들 중에는, 처음 취미나 교양으로서 꽃꽂이를

시작하였던 목적 이상으로 자격증까지 갖게 된 사우들도 있다.

현재 3급 A 자격증을 갖은 사우 2명과 동급 B자격증을 갖고 있는 한명의 사우들이 그들이다.

이들은 취미 생활에서도 알찬 결실을 맺으려 하는 열성을 보이고 있다.

현재 20여명의 회원으로 구성된 꽃꽂이 반원들의 솜씨를 우리는 매장 … 나게 되…

는 꽃내음, 종로서적 전체의 분위기를 아늑하고 향기롭게 하는 그 내음은 그들 손길에서 스며나온 것이다.

또한, 회사의 각종 행사때면 그들의 꽃꽂이 솜씨는 큰 몫을 하기도 한다.

옷깃과 마음 속에 스미드는 그 아름다움 속에서 우… 모두는 계절의 … 고 맡…

사의 직장 교실에 모범이 되고 있다.

입사 선·후배 간의 우애와 건전한 교양 함양 등 그 효과는 대단하다.

신입직원들이 입사후에 사우회 활동 부서를 결정하는데 있어서 어려움을 겪을 정도로 전체 반들이 알차게 짜여져 있다.

물론 꽃꽂이반에 참여하고자 하는 사우들도 배번 줄을 잇는다.

훌륭한 강사와 수준 높은 꽃꽂이 솜씨를 갖고 있는 사우들, 거기에 회사측의 적극적인 활동 지원 등이 모여서 꽃꽂이반은 더욱 알차고 발전적인 직장 교실이 될 것이다.

봄학…

모아 세
단 두마
게스트가
는 열성을 갖
충실히 하
습들.
회사의 일 속에
정한 마음과 마음
대화들이 어디 있
, 사심없이 사람을
생각해 줄 수 있는
그리 흔하겠는가.
연습이 무르익을 작
일상의 대화 속에서도
서로 극중의 이름을

대며, '꼼실네, 이리와'하고 극중 특유의 억양 사용하여 자신들 만의 공대를 만드는 것이다.

완성된 연극을 보는 이들은 단지 눈에 보이는 게스트들의 연기력이나 혹은 무대장치 등으로 그칠 것이나, 실제 그 속에서 작품을 만들어 내어 본 이들은 그 장면 하나하나에 얼마나 생각을 쏟았는 지를 알 수 있다. 그것은 연극 뿐만이 아니라 다른 사물의 현상을 보는 데도 적용되는 좋은 눈과 판단력을 길러주는 계기인 것이기도 하다.

'이 장면은 관객의 눈을 이리로 모이게하고, 여기서는 분산시키고… 쓸데없는 손동작은 주위를 산만하게 하니까 주의하고… 억양은 이런 식으로하여 발성 연습은 충분히 하여야 할 것이며… 이때 조명은 어떤 분위기를 줄 수 있는 방법을 취해야하며… 의상과 분장은 어떤 인상을 줄 수 있게 할 것이며…'등 등 작은 한 순간을 위해서도 온 사고력을 동원하는 것이다. 그러니 쉽게 보아넘기는 관객들 편에게 그 연극에 참여한 인물들의 노력을 비할 것이며 그 뒷맛의 아쉬움과 추억을 어디다 비할 것이겠는가!

퇴근 후에 종로서적 6층에 직원식당에서 이런 소모임 활동을 해요. 식당에 가서 의자 다 빼고 탁구대 갖다 놓으면 탁구장 되는 거예요. 그리고 꽃들, 재료들 가져와서 꽃꽂이 수업 하면 꽃꽂이반 되는 거고. 싹 빼고 무대 만들고 막 춤추면 이제 무용반들이 쓰는 거고. 이런 식으로 해서 그 공간을 돌아가면서 쓰는 거예요. 종로서적이 그런 부분이 잘 되어 있었어요. 꽃꽂이반 같은 경우에 재료 같은 게 상당히 가격이 나가잖아요. 그런 걸 회사에서 다 지원해 주니까. 등산반은 어디 등산 간다고 그러면 또 어느 정도 지원해 주고 …

전 종로서적 직원, 이영주

직원 생일 축하 기념 앨범 및 기념패

Album and tablet celebrating the birthday of a Chongno Book Center employee

1980년대 | (기념패) 지름 22.8, 높이 24.6 (앨범)33.5 × 29.8 × 5.0 | 전세영

제3회 종로문화제 사진
1980년 | 전세영, 조유성

용인 향린동산에서 열린 종로서적 체육대회 사진
1981년 | 조유성

종로서적 직원 야유회 사진

1980~81년 | 조유성

종로서적

종로서적 여사원은 서점 판매원의 사회적 기대를 향상시켰다. 당시 여사원은 '판매 사원'의 역할에서 더 나아가 주제별 책의 종류와 전모를 파악하고 있었을 뿐만 아니라 독자에게 좋은 책을 추천하는 사서의 역할까지 해서 '서사인'이라는 별칭이 있기도 했다. 각 분야의 직원들이 선별한 좋은 책은 잘 보이는 곳에 진열하여 판매량이 높아지기도 했는데, 이는 종로서적에서 매년 자체 집계하는 베스트셀러 목록에도 영향을 주었다.

베스트셀러를 만드는 사람들

People Who Make Best-sellers

Female employees at Chongno Book Center heightened social expectations placed on bookshop staff. At that time, women who worked there went beyond the role of mere sales agents; they knew all about books including categories by subject and recommended titles to customers, earning them the nickname "book professionals." The works selected by staff by field were displayed in conspicuous places, leading to higher sales and consequently influencing the store's annual bestseller list.

> 베스트셀러 코너도 우리가 처음에 만들었습니다.
> 왜냐면 그때는 그냥 책이 다 꽂아만 놓아져 있었는데,
> 그래도 사람들 심리가 이렇게 눈에 띄게 쌓아놓고 뭐 하나씩 없어지면,
> 시선이 그리로 가거든요. 손님들이 직원들한테 무슨 책이 좋은지,
> 뭐가 잘나가는지 묻고 사 가고 하니까. 그럼 이렇게 좋은 책,
> 잘 팔리는 책을 골라서 우리가 베스트셀러라고 만들어 보자 한 거야.
>
> 전 종로서적 사장, 이철지

베스트셀러 코너
1993년 | 이철지

《종로서적》 1979년 겨울호

The 1979 winter issue of *Chongno Book Center*

1979년 | 19.1 × 21.1 × 0.4 | 조유성

종로서적 내서부(국내서적부) 과장이 작성한 1978년의 베스트셀러 집계 결과와 이를 분석한 글이다.
매월 픽션(소설)과 논픽션(비소설)으로 분야를 나누어 베스트셀러를 집계하였음을 알 수 있다.
1960년대 신문의 〈금주의 베스트셀러〉라는 작은 코너에는 매주 서울 시내의 서점
몇 군데의 자료를 집계하여 발표하고 있는데, 여기에는 항상 종로서적이 들어 있다.

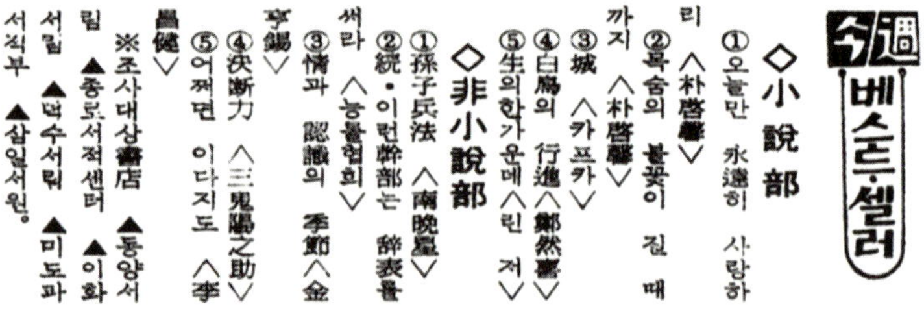

今週 베스트·셀러

◇小說部

①오늘만 永遠히 사랑하리 <朴啓馨>

②목숨의 불꽃이 질 때까지 <朴啓馨>

③城 <카프카>

④白鳥의 行進 <鄭然喜>

⑤生의 한가운데 <린저>

◇非小說部

①孫子兵法 <南晩星>

②統·이런幹部는 辭表를 써라 <능률협회>

③情과 認識의 季節 <金亨錫>

④決斷力 <三鬼陽之助>

⑤어쩌면 이다지도 <李昌健>

※조사대상書店 ▲동양서림 ▲종로서적센터 ▲이화서림 ▲덕수서림 ▲미도파서적부 ▲삼일서원。

금주의 베스트셀러

《매일경제》 1969년 10월 24일

■ 독서 정보 2

1978년의 종로서적 베스트 셀러

곽 인수

본사 내서부 2과장

많이 팔린 책이 더 좋은 책이라고만은 할 수 없다. 그러나 이른바 "베스트 셀러"라는 책들은 그때그때의 출판 문화의 흐름을 재고 독서인들의 입맛을 가늠하는 눈금의 구실을 해준다고 하겠다. 1978년에 종로서적에서 가장 기운차게 팔린 책들을 소개하는 까닭은 여기에 있다.

여느해와 다름없이 1978년에도 문학 계통의 책들이 독자들의 인기를 도맡았다. 「모모」, 「상처」, 「안나 이야기」, 「나의 누이여 나의 신부여」, 「이사도라」, 「머나먼 쏭바 강」 등이 그랬다. 또, 7월부터 베스트 셀러의 으뜸을 차지하여 11월 현재까지 홀로 앞서서 달리는 「난장이가 쏘아 올린 작은 공」은 분명히 돌풍이었는데 그것은 참 시원한 바람이었다. 「난장이가 쏘아올린 작은 공」은 앞으로도 훨씬 더 오래 하늘로 치솟을 조짐이다.

픽션과 넌 픽션 부문의 전체적인 우세를 따지면 1978년에도 여전히 넌 픽션 부문이 베스트 셀러의 다수를 차지했다. 종로서적의 연간 베스트 10 가운데 픽션은 네 가지, 넌 픽션은 여섯 가지로 나타나 있다. 나라 안의 창작물과 번역서의 비율은 5 : 5로 동율이었다.

1978년에는 「나의 누이여 나의 신부여」, 「이사도라」, 「시몬느 베이유-불꽃의 여자」 등 여자 전기들이 무더기로 쏟아져 나와 젊은 여자 독자들을 바쁘게 만들었다. 「모모」, 「하느님에게 보낸 나의 일기장」 같은 이른바 "성인동화"가 독자들을 붙잡은 것도 주목할 만한 현상이었다. 뭐니뭐니해도 1978년의 "이변"은 에리히 프롬의 사상 에세이 「투 해브 오어 투 비」의 번역서가 활개를 쳐 출판의 최대 공약수를 찾는 사람들을 어리둥절하게 한 일이다. 맨 먼저 봇물을 터뜨린 홍성사의 「존재냐 삶이냐」는 4월부터 줄곧 베스트 셀러의 자리에 눌러앉아 10판을 되박아 냈고, 번역자가 탄탄한 전망사의 「소유냐 존재냐」도 만만찮은 뚝심을 보이며 버티고 있다. 뒤늦게 범우사가 「존재냐 소유냐」를 들고 뛰어들어 우리나라에서 프롬은 단연히 "인기작가"가 되었다는 느낌이다.

비록 여느 베스트 셀러에 미치지 못했지만 올해에는 각종 문고책들이 꾸준히 강세였고 어린이 성경 만화와 어린이 성경 그림이 꽤 손님들을 불러들였다.

1978년에도 책은 줄기차게 팔렸다. 요즈음은 베스트 셀러의 앞자리를 차지하는 책은 10만부의 벽쯤은 식은 죽 먹듯이 뛰어넘는다는 이야기를 듣는다. 이런 때에, 지금까지는 하늘에 대고 외치던 "독서의 생활화"라는 구호가 우리 생활의 밑자리에 뿌리를 내리게 된다면 더 좋은 일이겠다.

8 월

픽션

① 난장이가 쏘아올린 작은 공/조 세희/문학과 지성사
② 우리는 어디서 어디로 가는가/루 살로메/문예출판사
③ 머나먼 쏭바 강/박 영한/민음사
④ 늦어도 11월에는/노자크/수문서관
⑤ 밤의 찬가/한 수산/민음사

넌픽션

① 소유냐 삶이냐/프롬/홍성사
② 서 있는 사람들/법정/샘터사
③ 하늘을 우러러/김 동길/샘터사
④ 사랑을 위하여/고 은/전예원
⑤ 나의 누이여 나의 신부여/패터스/청년사

9 월

픽션

① 난장이가 쏘아올린 작은 공/조 세희/

종로서적 베스트셀러 광고

《동아일보》 1983년 12월 16일

문학과 지성사
② 우리는 어디서 어디로 가는가/루 살로메/문예출판사
③ 늦어도 11월에는/노자크/수문서관
④ 머나먼 쏭바 강/박 영한/민음사
⑤ 하느님에게 보낸 나의 일기장/모와트/문장

넌픽션

① 서 있는 사람들/법정/샘터사
② 사랑을 위하여/고 은/전예원
③ 소유냐 삶이냐/프롬/홍성사
④ 하늘을 우러러/김 동길/샘터사
⑤ 사랑과 지혜 그리고 창조/안 병욱/정우사

10월

픽션

① 난장이가 쏘아올린 작은 공/조 세희/문학과 지성사
② 머나먼 쏭바 강/박 영한/민음사
③ 우리는 어디서 어디로 가는가/루 살로메/문예출판사
④ 초대받은 여인/보봐르/근역서재
⑤ 모모/엔데/청람

넌픽션

① 소유냐 삶이냐/프롬/홍성사
② 사랑을 위하여/고 은/전예원
③ 사랑과 지혜 그리고 창조/안 병욱/정우사
④ 서 있는 사람들/법정/샘터사
⑤ 하늘을 우러러/김 동길/샘터사

11월*

픽션

① 난장이가 쏘아올린 작은 공/조 세희/문학과 지성사
② 우리는 어디서 어디로 가는가/루 살로메/문예출판사
③ 늦어도 11월에는/노자크/수문서관
④ 책상은 책상이다/벡셀/문장
⑤ 적들—어느 사랑의 이야기/싱어 /범우사

넌픽션

① 서 있는 사람들/법정/샘터사
② 소유냐 삶이냐/프롬/홍성사
③ 사랑을 위하여/고 은/전예원
④ 한국인의 참모습/이 규태/우일문화사
⑤ 사랑과 지혜 그리고 창조/안 병욱/정우사

*11월치는 11월 15일까지의 통계임.

1978년의 베스트 10*

① 난장이가 쏘아올린 작은 공/조 세희/문학과 지성사
② 서 있는 사람들/법정/샘터사
③ 소유냐 삶이냐/프롬/홍성사
④ 사랑을 위하여/고 은/전예원
⑤ 하늘을 우러러/김 동길/샘터사
⑥ 우리는 어디서 어디로 가는가/루 살로메/문예출판사
⑦ 늦어도 11월에는/노자크/수문서관
⑧ 모모/엔데/청람
⑨ 나의 누이여 나의 신부여/패터스/청년사
⑩ 마지막 등불이 꺼지기 전에/안 병욱 /문학예술사

*1978년 1월부터 11월 15일까지의 통계임. □

"가장 잘 팔리는 소설을 만드는 비방"

1. 1인칭으로 쓰지 말 것.
2. 어떤 사람에게도 자기의 자료를 보이지 말 것.
3. 그것을 다 쓰고 난 뒤까지는 쓰고 있는 것에 대해 아무 말도 하지 말 것.
4. 고쳐쓰기는 집필의 전적인 비방이다.
5. 발행이 되기 전에 당신의 책을 영화사에 팔아먹지 말아라.
6. 사사로운 다툼이 낮의 집필을 파멸시키지 않도록 하라. 만일 당신이 다음날을 신선하게 시작할 수 없거든 당신의 마누라를 내쫓아버려라.
7. 분위기는 진정한 집중이다. 집중이야말로 글을 쓰는 열쇠이므로 그것을 받아들일 것.
8. 작가는 평온한 생활을 하여야 한다. 많이 읽고 영화를 보러 가라.
9. 비평은 풋나기 때에만 읽어라. 그 뒤에는 기교를 익히기 위해 소설들을 읽으라.
10. 아무도 믿지 말아라. 당신 자신까지도. 비평가와 친구와 특히 발행인들을 포함해서.

—마리오 푸조/「더 갓 파더」의 저자

종로서적 문학부에서 일했던 신영옥·이선우씨 인터뷰

"

지금 기억나는 건 이규형의 『청춘스케치』라는 책이 있었어요.
작가가 영화감독이었는데 신문에 연재를 했다가 출간한 거였어요.
우리들이 그 책에 반해서 우리가 '베스트셀러를 한 번 만들어 보자' 한 거예요.
정말 좋은 자리에 여러 군데 진열을 했어요. 그게 진짜 베스트셀러가 됐고,
굉장히 오랜 기간 동안 베스트셀러였다가 영화화가 됐어요.
그 후에 좀 웃긴 얘기지만 '그 출판사가 빌딩을 지었다더라'는 얘기도 있었어요. "

1981~2002년 종로서적 문학부 · 특판부 직원, 신영옥

"

손님들에게 책을 찾아주는 것도 중요했지만, 도서 진열도 중요했어요.
어떤 책을 어디에 어떻게 진열하느냐에 따라 손님들에게 얼마나 잘 팔리냐가 결정되니까.
좋은 자리에는 좋은 책을 두려고 참 많이 노력했어요. "

1988~97년 종로서적 문학부 직원, 이선우

종로서적 문학부 "금주의 베스트셀러" 코너
1990년 | 국가기록원

"

그때 저는 그냥 책을 파는 상점에서 일한다고 생각하지 않았어요.
'종로서적'이라는 종로에서 제일 크고 세련된 서점에서 사람들에게 책을,
지식을 보급한다는 자부심이 컸어요. 그렇게 저의 젊은 시절을 그곳에서 보냈더니,
'종로서적'이라고 하면 '내 젊은 시절의 전부'였다는 생각이 들어요. "

1988~97년 종로서적 문학부 직원, 이선우

종로서적

종로서적은 '한국의 독서문화와 출판문화를 섬깁니다'를 회사의 주요 이념으로 하고 있는 만큼 좋은 책을 출판하고 좋은 책을 독서인들에게 알리는 것에 많은 노력을 기울였다. 이러한 사내 분위기는 입사하기 전부터 종로서적의 독자였던 직원들의 진로에도 큰 영향을 미쳤다.

독자에서 서점인으로, 서점인에서 출판인으로

From Readers to Bookshop Staff, From Bookshop Staff to Publishers

As it inscribed "We serve Korea's reading and publishing culture" in its corporate philosophy, Chongno Book Center put considerable effort into publishing and introducing refined books to readers. Such working atmosphere of Chongno Book Center influenced career of its staff, who themselves had been its customers.

좋은 독서를 위한 좋은 책을 만듭니다

노량진에서 초등학교를 졸업하고 중동 중·고등학교(당시 종로구 수송동 소재)를 다녔는데,
그때 당시 전차역이 종각역이었는데, 내리면 종로서적센터가 바로 보였죠.
그때부터 종로서적의 독자가 됐어요. 나는 책을 너무 좋아해서 당시 최고의 서점인 종로서적에 들어간 거예요.
이후는 자연스럽게 출판사 방향으로 연결된 거고.

전 종로서적 직원 · 성현 출판사 사장, 조유성

출판부 사무실에서 일하는 직원들
1980년대 | 이철지

종로서적에서 내 젊은 날 가장 청춘인 시기 10년을 보냈죠.
그리고 퇴사한 다음에도 내가 책으로 한평생 살아오게 됐고.

전 종로서적 직원 · 모퉁이돌 출판사 사장, 김상녕

출판부 사무실
1980년대 | 이철지

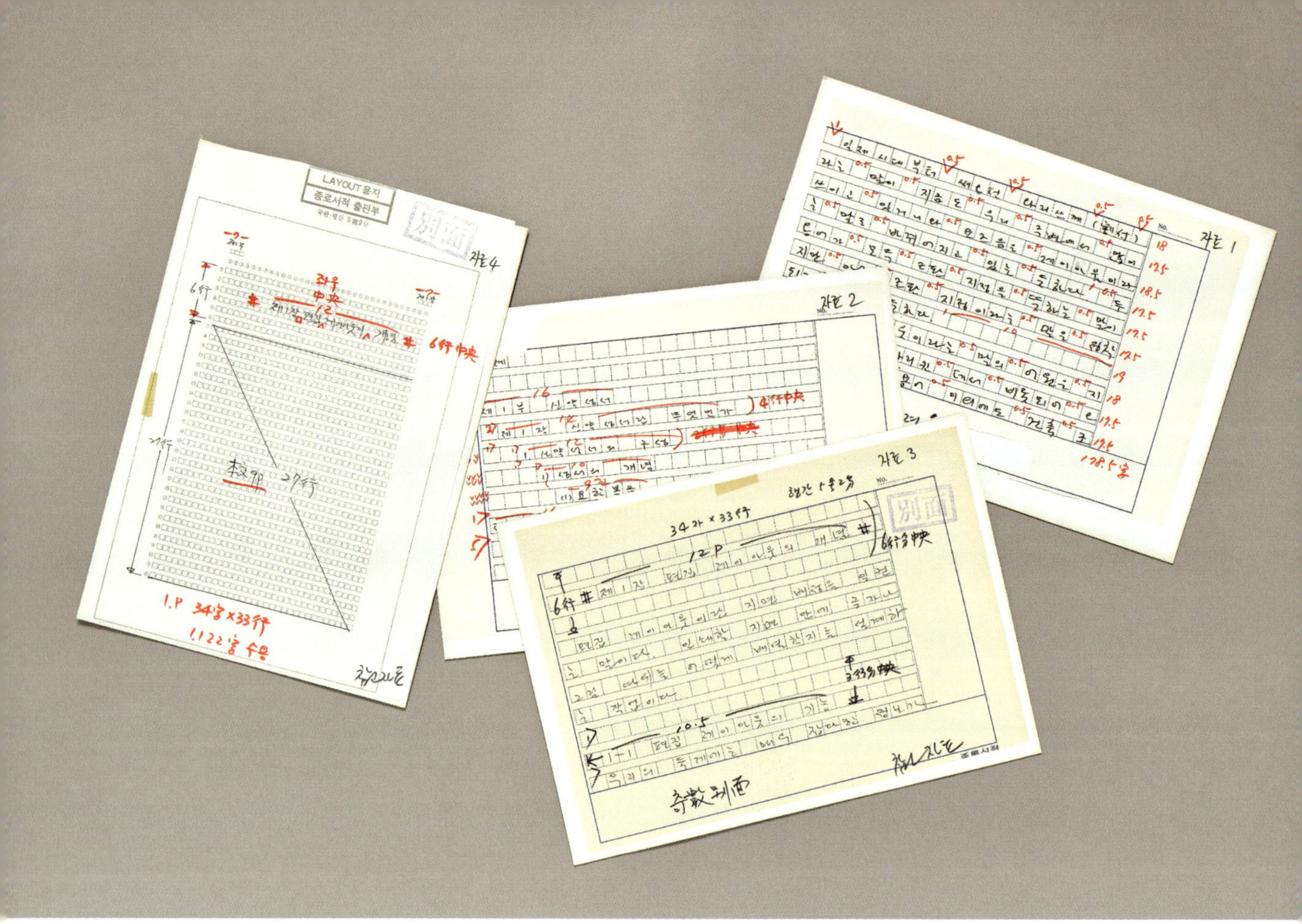

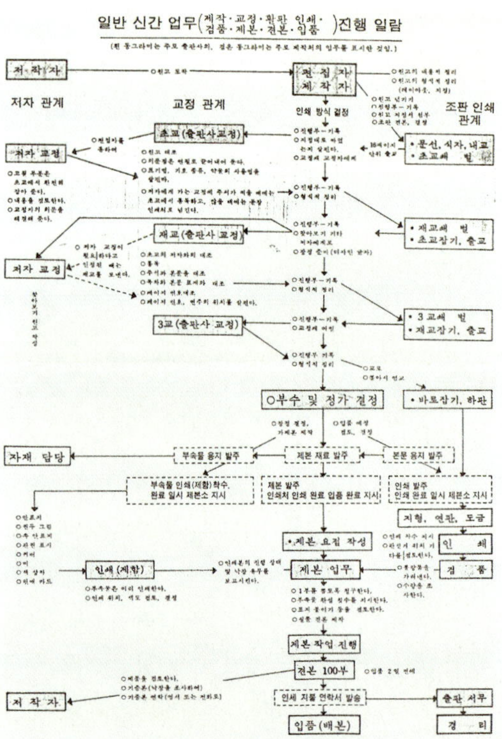

출판 업무 관련 자료

Materials related to publishing

1980~90년대 | 각 25.4 × 18.0 | 이철지

편집용지 레이아웃, 원고 글자 수 계산 요령, 편집 · 교정 방법 등을 교육하는 자료이다.

신간 업무 진행 과정

The process of publishing a new book

1980~90년대 | 27.0 × 20.2 | 이철지

일반적인 신간 출판과정의 업무 흐름도이다.

'사보'에서 '독서저널'로, 《종로서적》

요즘에는 서평書評이 신간이 나오면서 자체 홍보물로도 나오지만
그때만 해도 서평이라는 게 없었어요. 이 책은 어떤 책이다, 라는 거를
알려주는 역할을 하려고 사보(《종로서적》)를 만들었죠.
『신간소식』에서 100여 권의 새로 나온 책 목록을 넣는다고 하면,
《종로서적》에는 그 100권 중에 읽을 만한 책들이라든가,
명사名士가 추천하는 책들이라든가 이런 것을 뽑아서 좀 더 심층적으로 만드는 거죠.
서울대의 관련 전공 교수한테 의뢰해서 원고를 실은 경우도 있었거든요.

전 종로서적 직원, 최석준

종로서적 사보 《종로서적》

Chongno Book Center, the company newsletter

1978~92년 | 각 19.1 × 21.1 × 0.4 | 조유성

《종로서적》은 1978년 10월부터 2002년 2월까지 계간/월간으로 발간(통권 131호)되었던 종로서적의 사보社報이다. 사보의 역할에 그치지 않고, 각종 교양 정보와 전문가 서평 및 신간 도서에 관한 정보를 제공하여 수준 높은 독서저널이 되었다.

종로서적 출판

철학, 시, 문학 이런 쪽으로 많이 기획을 했어요.
명시 시리즈가 진짜 많이 나갔었죠.

전 종로서적 직원, 최석준

제가 어릴 때부터 삐삐를 굉장히 좋아했었어요.
국민학생 때 엄마랑 같이
종로서적에 가서 샀던 추억이 담긴 책이죠.

종로서적 학생 독자, 박민아

종로서적출판 도서 목록
List of Chongno Book Center-published books
1985년, 1993~94년 | 장덕연

종로서적에서 출간한 문학분야 도서

Chongno Book Center-published books on literature

1970~90년대 | 개인소장, 이철지

종로서적 출판 도서 중 가장 인기 있었다는 명시 시리즈를 포함한 문학 분야 도서이다.

종로서적에서 출간한 철학분야 도서

Chongno Book Center-published books on philosophy

1980년대 | 개인소장, 전세영, 이인순

현대 철학시리즈 등 종로서적 출판부에서 유명했던 철학 분야 도서이다.

종로서적에서 출간한 글쓰기 및 한글 맞춤법 분야 도서

Chongno Book Center-published guidebooks on writing and Korean grammar

1980~90년대 | 이철지

글쓰기, 맞춤법, 인쇄 등을 주제로 하여 올바른 국어쓰기를 가르쳐주는 책을 연속으로 출판하였다.

종로서적

종로서적은 자체적으로 출판된 모든 책들의 서지정보를 분류 수집하여 『종로서적종합도서총목록』이라는 방대한 책자를 1970~90년대까지 발간하면서 오늘날 도서 검색 시스템의 기초 데이터를 구축해왔다. 이는 당시 한국의 어떤 서점이나 웬만한 도서관도 가지지 못한 방대한 자료였기에 이를 통해 새로운 지식 · 정보화 시대의 사업을 추진할 수 있는 기반이 되었다.

서점의 새로운 시대를 여는 사람들

Trailblazers in New Bookstore Era

Chongno Book Center set the basic system of today's book search systems by collecting and categorizing bibliographic information of all the titles it had in its annual book catalogs—Comprehensive Catalog of Books—published from the 1970s to 90s. Holding a vast amount of data that all domestic bookstores and libraries at the time could not come near, the catalogs served as the foundation for pursuing new projects in the knowledge and information age.

책 카드에 제목, 저자, 출판사 등등 적어서 그걸 분야별로 분류하고
가나다라 순서대로 배열하고, 수십만 권의 책을 수작업으로 했어요,
그 도서 목록을 보고 전국의 도서관이나 학교들이 구입할 책을 골랐을 정도였으니까.
우리만 유일하게 몇십만 권의 그 장서 목록을 가지고 있었던 거죠.
나중에 컴퓨터 회사들이 그걸 많이들 탐을 냈어요.

전 종로서적 사장, 이철지

『종로서적 종합도서총목록』 광고
《동아일보》 1976년 3월 4일

1977년 『종로서적종합도서총목록』
Comprehensive Catalog of Books at Chongno Book Center in 1977
1977년 | 21.0×15.0×4.5 | 이동현

종로서적은 매년 '독서 정보의 입체적 제공 및 최신 도서 광고 자료로 활용'의 목적으로 '종로서적 매장에서 판매되는 국내 도서 목록'을 발행했다. 이 목록은 발간도서 목록과 서지 정보를 보존하고, 매장에 비치하여 고객들이 책을 쉽게 찾을 수 있도록 했을 뿐 아니라 도서관에도 제공되어 수서收書와 장서 정리 업무에 도움을 주었다.

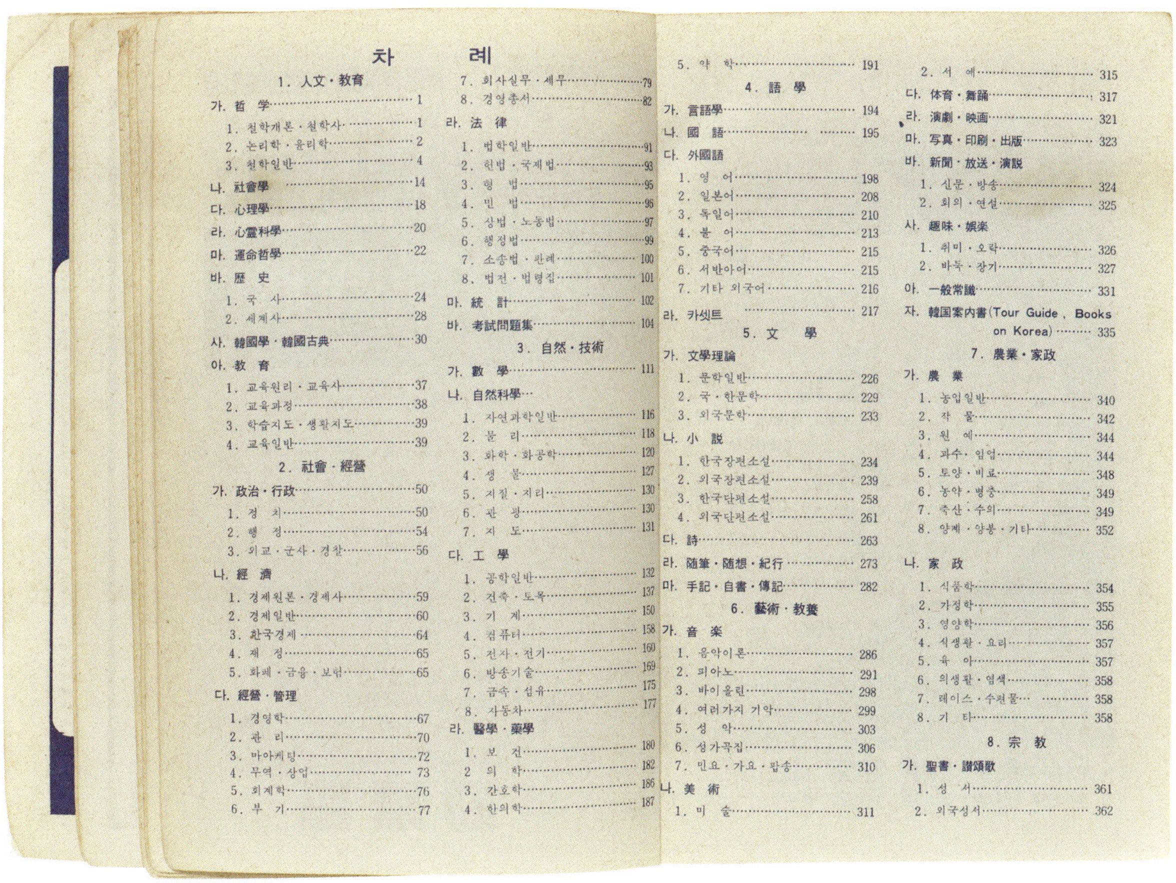
차 례

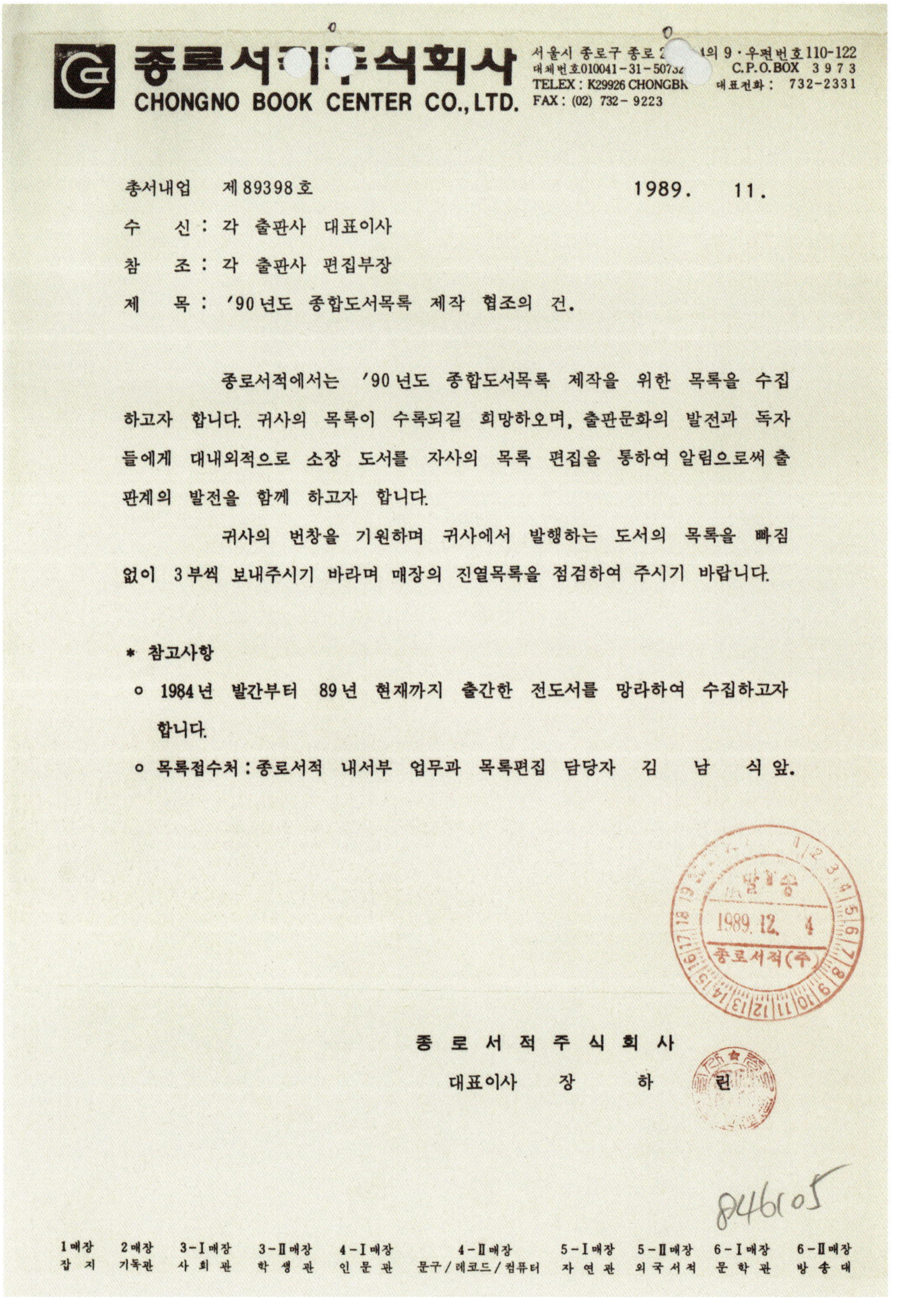

종로서적주식회사
CHONGNO BOOK CENTER CO., LTD.
서울시 종로구 종로 2 [illegible] 4의 9 · 우편번호 110-122
대체번호 010041-31-5073[illegible] C.P.O.BOX 3973
TELEX : K29926 CHONGBK 대표전화 : 732-2331
FAX : (02) 732-9223

총서내업 제 89398 호 1989. 11.

수 신 : 각 출판사 대표이사

참 조 : 각 출판사 편집부장

제 목 : '90 년도 종합도서목록 제작 협조의 건.

종로서적에서는 '90 년도 종합도서목록 제작을 위한 목록을 수집하고자 합니다. 귀사의 목록이 수록되길 희망하오며, 출판문화의 발전과 독자들에게 대내외적으로 소장 도서를 자사의 목록 편집을 통하여 알림으로써 출판계의 발전을 함께 하고자 합니다.

귀사의 번창을 기원하며 귀사에서 발행하는 도서의 목록을 빠짐없이 3 부씩 보내주시기 바라며 매장의 진열목록을 점검하여 주시기 바랍니다.

* 참고사항

o 1984 년 발간부터 89 년 현재까지 출간한 전도서를 망라하여 수집하고자 합니다.

o 목록접수처 : 종로서적 내서부 업무과 목록편집 담당자 김 남 식 앞.

종 로 서 적 주 식 회 사
대표이사 장 하 린

846105

1 매장	2 매장	3-Ⅰ매장	3-Ⅱ매장	4-Ⅰ매장	4-Ⅱ매장	5-Ⅰ매장	5-Ⅱ매장	6-Ⅰ매장	6-Ⅱ매장
잡 지	기독관	사 회 관	학 생 관	인 문 관	문구/레코드/컴퓨터	자 연 관	외국서적	문 학 관	방 송 대

'90년도 종합도서목록 제작 협조 요청 문서

Document requesting cooperation for the production of a full list of books for the year 1990

1989년 11월 | 29.5 × 20.0 | 민주화운동기념사업회 제공, 한국기독교사회문제연구원 기증

1990년도 종합도서목록을 제작하기 위해 종로서적에서 각 출판사에게 보낸 출판목록 협조 요청 문서이다.

도서검색시스템

종로서적 도서검색대
1990년대 | 국가기록원

> 문옥영씨가 와서 전산 개발을 한 거예요.
> 그분이 수학과를 나왔는데 전산을 했어요.
> 몇 명이 더 모여서 전산부가 만들어지고
> 도서 정보들을 모두 전산 작업 한 거예요.
> 그때부터 컴퓨터 도서 검색 시스템이 생긴거죠.
>
> 전 종로서적 직원, 신영옥

《종로서적》 1993년 봄호
The 1993 spring issue of *Chongno Book Center*
1993년 3월 | 25.8 × 19.0 × 0.4 | 조유성

1992년 가을에 종로서적이 자체 구축한 도서검색시스템을 3층 사회관에 설치하였고, 1993년 봄에는 전 매장에 확대 설치했다는 소식을 〈종로서적 소식란〉을 통해 전하고 있다.

종로서적 소식

1993년 새해 다짐

1993년 새해를 여는 모임을 지난 1월 4일 오전 8시 본사 6층 문학관에서 가졌다. 본사의 전 임직원이 참석한 가운데 열린 새해모임은 신년예배와 신년회 순으로 진행되었다. 이 자리를 통해 화목한 일터를 만들 것을 다짐하는 한편 특히 올해가 '책의 해'인 관계로 양서 보급과 독서생활화운동을 전개하는 데 노력할 것을 결의하였다.

제105회 작가와의 대화

제105회 작가와의 대화를 지난 1월 30일 본사 7층 휴게실에서 열었다. 이날의 초청작가로는 민족의 큰 스승 다산 정약용 선생의 일대기를 소설화 한 「소설 목민심서」의 저자인 황인경 씨가 초빙되었으며 초청작가는 자리를 같이한 100여명의 독자들과 집필 후일담 및 앞으로의 저술 활동 등에 대해 약 1시간에 걸쳐 이야기를 나누었다.

행위예술가 임경숙 씨 초청 '책을 읽기 위한 행위예술제' 주최

'93년 책의 해를 맞은 기념 행사의 일환으로 행위예술가 임경숙 씨를 초청, 지난 2월 13일 본사 6층 문예관에서 '책을 읽기 위한 행위예술제'를 겸한 싸인 판매전을 가졌다.

이날 행사에 참여한 독서인들은 행위예술을 펼치는 임경숙씨와 호흡을 맞춰 '책읽기'를 연출하였으며 행사가 끝난 뒤 이어진 임경숙 씨의 수필집 「배꼽에 바람을 넣고」 싸인 판매전에는 얼마전 같은 장소에서 싸인판매전을 가진 바 있는 KBS 이숙영 아나운서가 자리를 함께 하여 독서인들에게 흥겨움을 더해 주었다.

도서 검색 시스템 전 매장에 설치

종로서적은 자체 구축한 도서검색 시스템을 전 매장에 설치하여 보다 정확하고 신속한 도서안내를 하게 되었다. 다양한 국내도서 약 18만종을 수록한 도서검색시스템은 도서명이나 저자, 출판사명으로 도서의 서가 위치는 물론, 간단한 초록까지 제공하는 기능을 갖추고 있어 종로서적을 찾는 독서인들에게 최상의 서비스를 제공한다.

범 국민 독서생활화운동 선언식 참여

본사는 '93년 책의 해를 맞아 지난 2월 3일 세종문화회관에서 열린 범 '국민 독서생활화 운동 선언식'에 참여하여 독서환경 조성과 독서의 생활화, 독서인구 저변확대에 선도적인 역할을 할 것을 결의하였다.

전국서점 조합연합회와 국민 독서 생활화 운동본부의 주도로 열린 '범 국민 독서생활화 운동'에 참여한 서적, 출판 관련인들은 양서를 권장하고, 독서생활화 운동을 활발히 전개하며 향락풍조의 사회환경을 독서문화환경으로 전환하여 명랑한 사회질서를 확립할 것 등을 골자로 하는 선언문을 채택함으로써 정신문화창달에 기여할 것을 다짐하였다.

통신판매를 '책사랑'으로 새롭게 변신

매장에 직접 나와서 책을 구입하기 어려운 독서인을 위해 본사가 운영해오던 통신판매를 지난 3월초부터 '책사랑'으로 새롭게 변신시킴으로써 독서인의 편의를 위한 최선의 노력을 보이고자 했다. 책사랑 가입 회원들에게는 종로서적에서 발행되는 각종 독서 정보지를 우송하는 등 여러가지 혜택을 마련하였다.

매주 월요일 발행 주간

圖書新聞

The Korea Publishing News

1996년 3월18일 월요일 제97호 1

베스트셀러 외국어 학습기 Dr.WICOM

732-3800

출판시장 회생조짐 뚜렷

대형서점 매출 전년보다 최고 52% 증가

외국어·컴퓨터·아동관련서 신장률 "최고"

본사전화번호

금주의 주요기사

신세대 작가

출판동향

도서만평

《도서신문》

The Korea Publishing News

1996년 3일 18일 | 27.7 × 38.5 | 박명주

종로서적의 〈책을 찾아드립니다〉 코너 설치 기사이다. 컴퓨터로 독자들의 문의사항을 조회한 후, 서지사항과 도서 비치장소까지 메모로 알려주는 서비스 코너이다. 당시로서는 기존 도서의 방대한 자료를 축적해온 종로서적만이 제공할 수 있는 서비스였다고 할 수 있다.

고객감동

최근 종로서적은 대독자서비스의 일환으로 「책을 찾아드립니다」 코너를 설치했다. 이 코너에서는 독자들이 문의해 오는 사항을 컴퓨터로 조회한 후 관련 서지사항과 도서 비치장소를 메모로 전해준다. 이로 인해 독자들은 한층 더 편리하고 쉽게 책을 찾아보게 됐다. 〈사진 김경록기자〉

지난 88년부터 자체 데이터베이스를 구축,
현재 국내도서 18만 종을 수록한 국내 최대의 도서정보를
전산화한 종로서적은 이번 ISBN · POS* 시스템 도입으로
국내 서점계에 또 하나의 선도적인 역할을 했다는 평을 받고 있다.

〈종로서적 국내 첫 ISBN, POS제〉, 《경향신문》 1992년 8월 12일

* ISBN(International Standard Book Number) : 국제표준도서번호

POS(Point Of Sale System) : 판매 시점이나 상품 단위로 기록해 재고관리, 납품 수량의 결정 등에 사용하는 판매시점 정보관리 시스템

저는 전자통신과에요. 책하곤 무관한 전공인거 같지만,
당시에 종로서적에 전산실이 있었어요.
출판사나 다른 업체들한테 포스(POS) 도입이나
업무 관련 프로그램 개발·보급도 해주면서
컴퓨터나 OA 장비 같은 걸 같이 대여해주는 사업도 했거든요.

전 종로서적 직원, 이영주

종로서적 사무기기상사 광고
《종로서적》 1984년 가을호

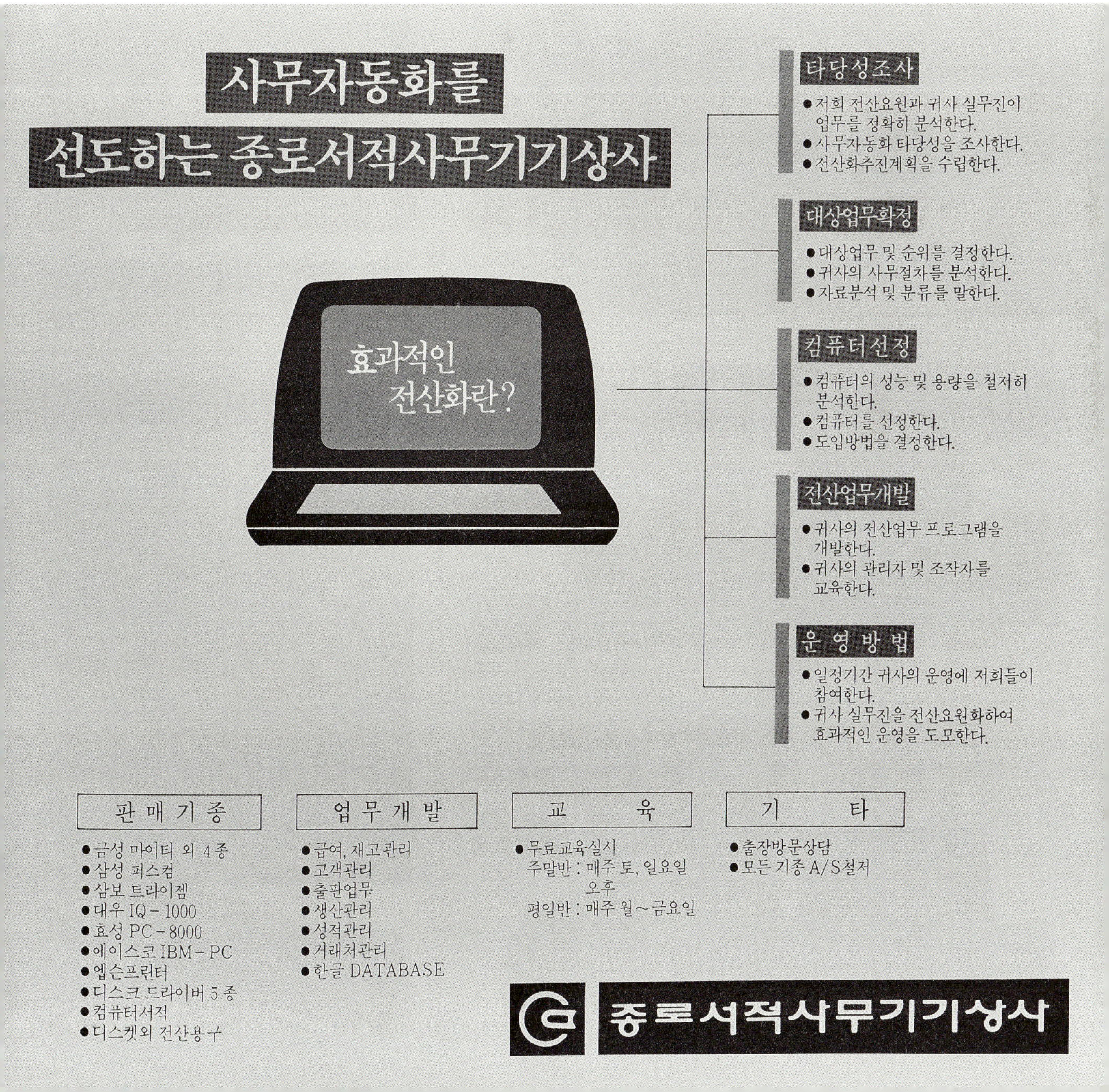

책도둑이야기

한 1년에 3% 정도가 책 분실인데, 거의 도난 때문인거죠.
엄청난 손실이에요. 책도둑 중에는 스님도 있고 수녀님도 있고,
교수, 학생 할 거 없어요. 대량으로도 훔쳐요.
지하철 보관함에 훔친 책을 갖다 넣어놓고 다른 책방에다가 되파는 거죠.
매장 직원들 일과도 다 알더라고요.
근무시간 중 언제가 제일 감시가 허술한 지까지도.

전 종로서적 직원, 이영주

책이 출판사에서 들어오면 도장을 찍는데
공급률이 70%냐 60%냐 하는 암호 표식 같은 걸 찍어요.
이익률의 관리상 표시했죠. 그리고 손님이 계산할 때는
판매 도장이라고 해서 종로서적 마크 도장이 찍혀요.
이 두 가지가 찍혀야 정상이거든요. 문 앞에 서서
이렇게 책 가지고 가면 도장이 찍혔냐 안 찍혔냐를 봤죠.
처음 입사하면 감시부터 하는 거야.

전 종로서적 사장, 이철지

종로서적 마크가 찍힌 책들

Books marked with Chongno Book Center

1990년대 | 이진혁

소장자가 종로서적에서 구입한 책들로 책 단면에
종로서적 도장이 찍혀 있는 것을 확인할 수 있다.

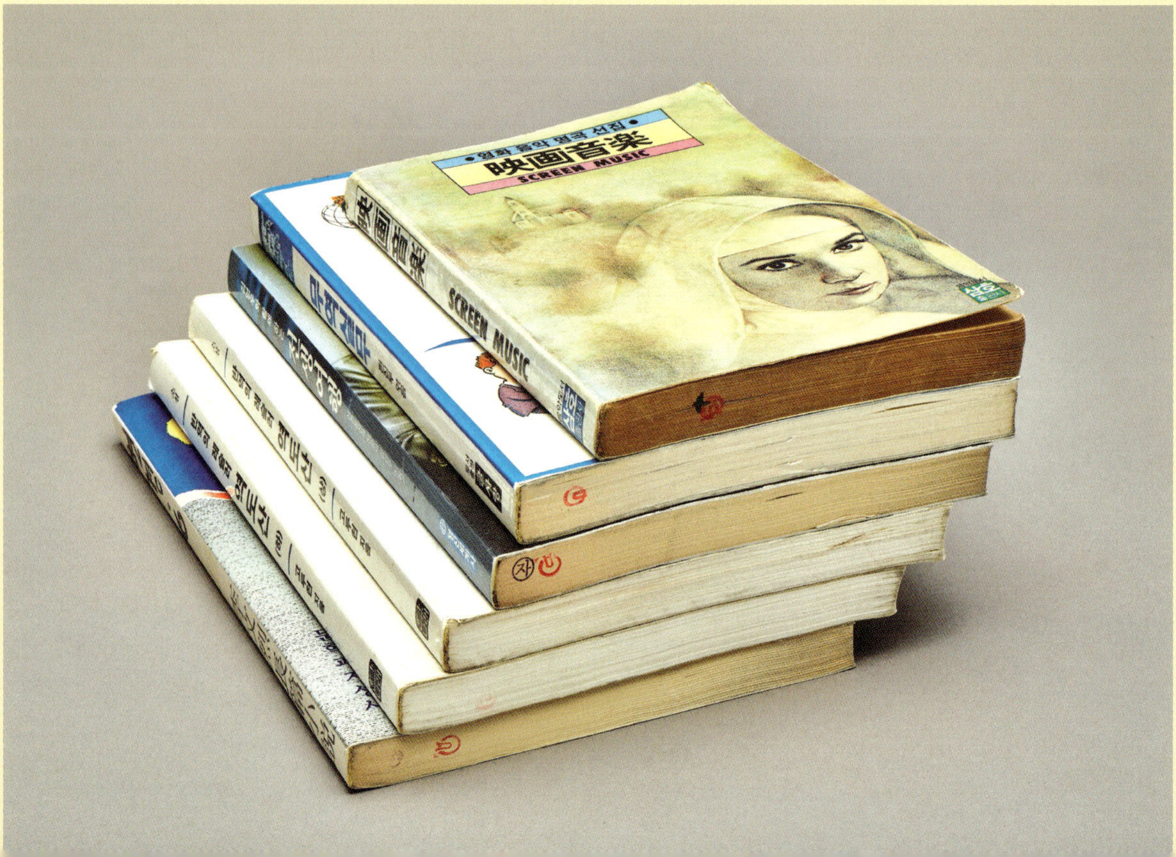

표기	마진율
오	90%
미	85%
시	80%
우	75%
수	70%
하	65%
자	60%
추	55%
이	50%
모	45%
지	40%
사	35%

※ '오'의 90% 마진은 도서정가 대비
10%의 이익을 뜻하는 것으로,
아래로 내려갈수록 수익이 큰 도서를 의미함

종로서적

Epilogue
에필로그

1960~70년대 문인과 예술가의 거리였던 관철동은, 1980년대 초부터 세련된 레스토랑과 술집, 카페, 전자오락실, 디스코 클럽 등 식당과 오락시설이 들어서면서 대학생과 젊은 직장인들이 몰려드는 '젊음의 거리'가 되었다. 그리고 종로서적은 이 '젊음의 거리'의 시작점이었다. 종로서적이 젊은이들의 약속 장소로 애용되자, 종로서적은 기다리는 사람들을 위해 메모판을 달아주었고, 1층 잡지부의 직원들은 메모로 전하기 어려운 것들을 대신 전해주기도 했다. 삐삐도 핸드폰도 없던 시절의 사람과 사랑 이야기였다.

사람과 사랑이 만나는 곳
Timeless Meeting Place

In the early 1980s, the downtown Seoul neighborhood of Gwancheol-dong, a place for literati and artists from the 1960s to 70s, turned into a vibrant area of sophisticated restaurants and entertainment facilities including bars, cafes, video arcades, and discotheques to earn the nickname "Avenue of Youth" for college students and young professionals. Chongno Book Center was the starting point of this bustling venue.

만남의 장소

1층 입구에 그 잡지 팔던 데 있잖아요. 그 앞에 그냥 사람이 맨날 꽉 차 있어.
꽉 차 있는 이유가 뭐냐 하면 거기서 사람을 기다리고 있는 거야.
'시내에서 만나자'하면 종로서적 1층 입구인거죠.
그런데 거기가 굉장히 좁고 사람이 많으니, 기다리기가 힘들거나 지루하면
1층 메모판에다가 '00야, 나 4층 00코너에서 기다리고 있을게,'라고
메모지에 써서 압정으로 꽂아놓고 가요.
잡지 코너에 가서 메모지를 달라고 하면 주거든요.
그럼 그 종이에 적어서 메모판에다가 붙이는 거죠.
메모판은 그렇게 크지는 않았고, 엘리베이터 옆에 계단 올라가기 전에
오른쪽에 있었어요. 주로 학생들, 젊은 직장인들이 많이 썼죠.

전 종로서적 직원, 김중열 · 나종호

종로서적 서문 잡지코너 입구
1990년 | 이철지

어긋난 약속과 사랑의 메신저

1층이 쉴 틈 없이 북적거렸어요. 청춘들의 만남의 장소였거든요.
제가 1층 잡지 코너에서 근무하면서 엇갈린 만남의 가교 역할을 많이 했죠.
쪽지 전달부터 해서 케이크 전달도 해봤어요.

전 종로서적 1층 잡지부 직원, 김옥숙

종로서적 1층 잡지부 모습
1983년 10월 | 김옥숙

2층 기독교·중고교재
1층 잡지

영상
自然

종로서적에서 만나 젊음의 거리로

… 이 시간에 젊은이들이 가장 많이 몰리는 곳은
종로서적센터 1층, 코아빌딩 앞, 제일은행 종로지점 앞 등.
종로서적은 1층이 대학생들의 약속 장소로 애용되자
1층 18평 가운데 8평 정도를 차지하던 잡지·아동서적매장을 없애버리고
약속을 하고 기다리는 사람을 위해 메모판을 달아주었고,
코아빌딩도 1층 다방 앞길에 벤치를 마련해 주었다. …

〈젊은이의 새 거리 관철동〉, 《조선일보》 1983년 2월 23일

젊은이 지대를 말할 때 빼놓을 수 없는 곳이 서울 종로2가 종로서적 뒤편 관철동 일대다.
60년대 중반부터 일찌감치 젊은이들의 사랑을 모아온 '젊은이의 거리' 원조격으로
70, 80년대 시간의 벽을 뛰어넘어 20여 년이 훨씬 지난 오늘날까지도 여전히 학생, 직장인 등
젊은이들의 인기를 누리고 있는 곳이다. …
종로에서 가장 찾기 쉬운 장소로 YMCA 건물과 함께 쌍벽을 이루는 종로서적 건물 정문 쪽에는
서로 약속한 친구를 기다리는 젊은이들로 출입문을 마음대로 드나들기가 힘들다.

〈20년 변함없는 청춘행진〉, 《일간스포츠》 1992년 11월 26일

日刊스포츠

특집 제7180호 1992년11월26일(목) 21

'20년 변함없는 청춘행진'

60년대 중반부터 '젊음의 거리' 원조…실속파들 단골

젊은이 지대 종로 관철동

술·음식값 비싸지않아 빈부차별없는 서민풍 물씬

하루저녁 30만 인파…호프집·노래방등 '만원사례'

'차별을 모르는 평범한 젊은이의 거리.'

젊은이 지대를 말할때 빼놓을 수 없는 곳이 서울 종로2가 종로서적 뒤편 관철동 일대다.

60년대 중반부터 일찌감치 젊은이들의 사랑을 모아온 '젊은이의 거리' 원조격으로 70, 80년대 시간의 벽을 뛰어넘어 20여년이 훨씬 지난 오늘날까지도 여전히 학생, 직장인등 젊은이들의 인기를 누리고 있는 곳이다.

보신각 뒤편서부터 시작해 종로타운, 코아빌딩, 파인힐을 거쳐 영창피아노종로대리점까지 이르는 이곳 중심거리에는 호프집, 분식점, 노래방, 커피전문점, 전자오락실, 카페, 관시점등 2백여 업소가 밀집해 젊은이들의 발길을 유혹한다. 하오5시께부터 시작되는 이거리의 밤은 강렬하게 눈을 자극하던 화려한 네온간판이 하나둘씩 꺼져가는 하오11시께 서서히 저물어 자정이 되면 일제히 움직임을 멈추고 또다른 내일의 '홍청거림'을 맞을 채비를 한다. 짧은 시간 동안에 이 거리를 거쳐가는 젊은이들은 대략 30만명. 주말분위기가 한껏 고조되는 토요일에는 40만명 정도로 불어난다. 이때쯤엔 좁은 거리는 발디딜 틈조차 없다. 젊음을 만끽하기 위해 나온 인파로 가득차기 때문이다. 좀 된만한 업소는 제대로 자리잡기가 힘들 만큼 북새통을 이룬다.

'종로의 하루는 하오4시께 종로서적 정문에서부터 시작된다'면 지나친 억측일까.

얼핏 보기에는 평범한 음식점 거리에 불과한 이 거리는 대학생들이 수업을 마칠쯤부터 서서히 술렁대기 시작한다. 종로에서 가장 찾기 쉬운 장소로 YMCA건물과 함께 쌍벽을 이루는 종로서적건물 정문쪽에는 서로 약속한 친구를 기다리는 젊은이들로 출입문을 마음대로 드나들기가 힘들다. 종로서적과 함께 요즘에는 보신각앞, 종로3가쪽 관철동거리의 시작지점인 패스트푸드점 하디스 앞 또한 마찬가지로 약속장소로 크게 애용되고 있다.

까치발로 서로 만날 사람을 찾은 이들은 특별한 경우가 아니고는 대개 관철동 골목으로 직행한다.

평일이나 주말, 이곳을 찾은 젊은이들의 코스는 크게 다를 것이 없다.' 업소명만 틀릴 뿐 대부분 분식집이나 싸구려 음식점에서 저녁식사를 간단히 때우고 2차로 호프집이나 뒷골목에 자리잡은 소주집으로 자리를 옮긴다.

요즘들어서는 커피전문점이나 노래방이 많이 생겨 술을 마시지 않고 서로의 취향에 따라 적당히 놀다 들어가는 실속파들이 많아진 것이 새로운 추세다.

관철동거리는 차별이 없는 젊은이의 거리다. 돈이 있는 사람이나 없는 사람이나 이곳에선 노는(?) 수준을 구별할 수 없다. 평범한 술값, 음식값에 모두 그저그런 업소들만 모여있는 곳이기 때문이다.

77년 이 거리에 코아빌딩이 들어서면서 이곳 일대를 떠돌며 젊음을 즐기는 부류들을 일컬어 속칭 '코아족'이란 말이 생겨났으나 방배동의 '카페족'이나 압구정동일대의 '오렌지족'과는 사뭇 다르다.

종로서적, 외국어학원, 유학원등이 이곳 유흥가와 아무런 괴리감 없이 어울릴 수 있는 것도 이 거리가 '보통젊은이'들로 북적되기 때문이다. 책을 사러 시내에 들렀다가 생맥주 한잔을 찾는 젊은이들, 학원 끝나고 목을 축이는 학생들, 직장일을 끝내고 곧바로 집에 들어가기 무엇해 들른 젊은 직장인들, 오랜만에 친구를 만나 회포를 푸는 군인, 동창회나 정기모임을 갖는 단체, 저녁데이트를 즐기는 연인들 이 모두가 우리 주변에서 흔히 볼 수 있는 일상의 모습이다.

서민적인 젊은이의 거리 종로라고 변화가 없는 것은 아니다. 술은 되도록 조금 마시고 대화나 노래, 춤으로 스트레스를 푸는 오늘날 젊은이들의 특성에 걸맞게 이곳도 조금씩 변해가고 있다.

셀프서비스에 익숙한 세대를 위해 맥도널드, 웬디스등 패스트푸드점이 곳곳에 들어섰고 요즘 한창 인기절정인 커피전문점이 구식 다방을 밀어내고 10여개나 서있다. 80년말의 도토루, 자뎅, 커피아카데미등에 이어 올들어 우후죽순처럼 6~7개소의 커피전문점이 경쟁적으로 등장했다.

'서울최고의 생맥주맛'으로 연타운과 쌍벽을 이루던 생맥주집 그랜드베어는 문을 닫고 그자리에 노래방과 카페, 음식점 복합업소인 재밈스딘이 들어선 것도 탈바꿈을 한 단면.

생맥주만 고집하던 6층건물 연타운도 유행에는 어쩔 수 없어 노래방으로 변모했고 룸카페로 한층을 할애했다.

도시선언, 오카방고, 종로타운, 18번가, 코아등 이름난 건물들에는 빠짐없이 노래방이 난립, 이제는 30여개 업소가 치열한 경쟁을 벌이고 있다.

지난해말에는 신촌이나 압구정동에나 어울릴 듯한 뮤직시티란 8층짜리 첨단 건물이 들어서 두층을 아예 룸카페로 개업, 이곳에도 룸카페의 물결이 닥쳐 왔다. 그러나 아직 그리 익숙한 풍경은 아니다. 80년대후반까지 명성을 날렸던 '5백냥'분식점들이 치솟은 물가때문에 간판을 새로 내건 것도 변화라면 변화.

서울시내의 중심가에 위치, 어느 곳에서나 교통이 편하다는 점, 그리고 보통젊은이들의 입맛과 기호에 따라 조금씩 변하는 거리풍경과 정취등이 어울려 20여년이 지난 지금에도 젊은이 거리로 사랑받아온 비결이 아닐까.

오랜만에 친구들을 만나기위해 종로2가를 찾았다는 김모군(고려대 3년)은 "이곳에 오면 모두가 비슷한 젊은이들끼리 어울렸다고 생각돼 스트레스가 절로 풀리는 느낌"이라고. H해운 회사에 근무한다는 이진호씨(27)는 "직장도 가깝고해서 자연스레 이곳을 자주 들리는데 그럴때마다 학창시절로 되돌아 간듯한 포근한 기분이 든다"고 말했다. 밤11시반께. 업소들이 하나둘씩 문을 닫을 채비를 하면 일제히 젊은이들이 쏟아져 나온다. 이들이 어김없이 택시를 잡느라 길을 가득 메우는 진풍경을 연출하는 가운데 종로는 새로운 내일을 준비한다.

【김경호 기자】

종로서적앞서 약속한 친구를 기다리고 있는 젊은이들. 관철동의 밤은 여기서부터 시작된다.

생맥주집, 외국어학원, 노래방등이 전혀 어색하지 않게 어울려 있는 관철동거리를 활보하는 젊은이들. 대부분 건물들이 외양만을 바꾼채 20년 이상 이곳을 지켜오고 있는 터줏대감이다.

【김윤수 기자】

연일 수만명 약속장소 '명성'

종로서적 박치수씨

"예나 지금이나 종로2가를 찾는 젊은이들의 모습은 변함이 없는 것 같습니다."

종로서적 1층 잡지판매부에서 15년을 근무하며 이곳의 젊은이들을 지켜본 박치수씨(54)는 종로서적이 젊은이들의 약속명소로 애용되는 것처럼 젊은이들의 표정 또한 한결같다고 말한다. 오랜 세월이 지났건만 젊은이들의 표정은 티없이 밝고 수수하다는 것.

하오 5시께 정문에 발디딜틈도 없이 혼잡스러우면 짜증스러울때도 있지만 모두들 자식처럼 느껴지고 또 서점의 잠재고객들이란 생각으로 그저 '협조'를 바란다고.

이곳에서 만남을 이룬 사람들은 족히 수만명에 달할 것이고, 그걸 커피값으로 따진다면 '천문학적인' 액수가 될거라며 너털웃음을 짓는 박씨는 종로서적이 앞으로도 종로 '젊은이의 거리'의 상징으로 남았으면 하는 바람이다.

이자리를 꾸준히 지키며 젊은이들과 함께 호흡을 오래도록 느끼는 것 또한 그의 작은 소망이다.

【호】

《일간스포츠》 1992년 11월 26일자

The Daily Sports dated November 26, 1992

1992년 11월 26일 | 35.8×39.3 | 이철지

관철동 젊음의 거리축제 모습
1988년

“

토요일 저녁의 종로서적 입구는 누군가를 기다리는 사람들로 빼곡했다.
그들은 어디선가 자신의 이름이 들려오기를, 혹은 자신도 누군가의 이름을
외칠 수 있기를 소망하며 인파로 가득한 종로 거리를 좌우로 두리번거렸다.
기다리던 사람이 누구든, 친구이든, 애인이든 가족이든, 그들이 나타나면
사람들은 환한 표정으로 웃으며 층계를 내려갔다.
종로서적 입구에 서서 목을 빼고 늦게 오는 친구를 기다려본 사람은
그렇게 친구나 애인을 먼저 만나는 사람이 얼마나 부러운지 알 것이다.

김연수, 『네가 누구든 얼마나 외롭든』, 문학동네, 2007년 ”

『네가 누구든 얼마나 외롭든』
Kim Yeonsu's novel, *Whoever You Are, No Matter How Lonely*
김연수 저 | 2007년 | 20.0 × 13.5 × 2.4 | 문학동네

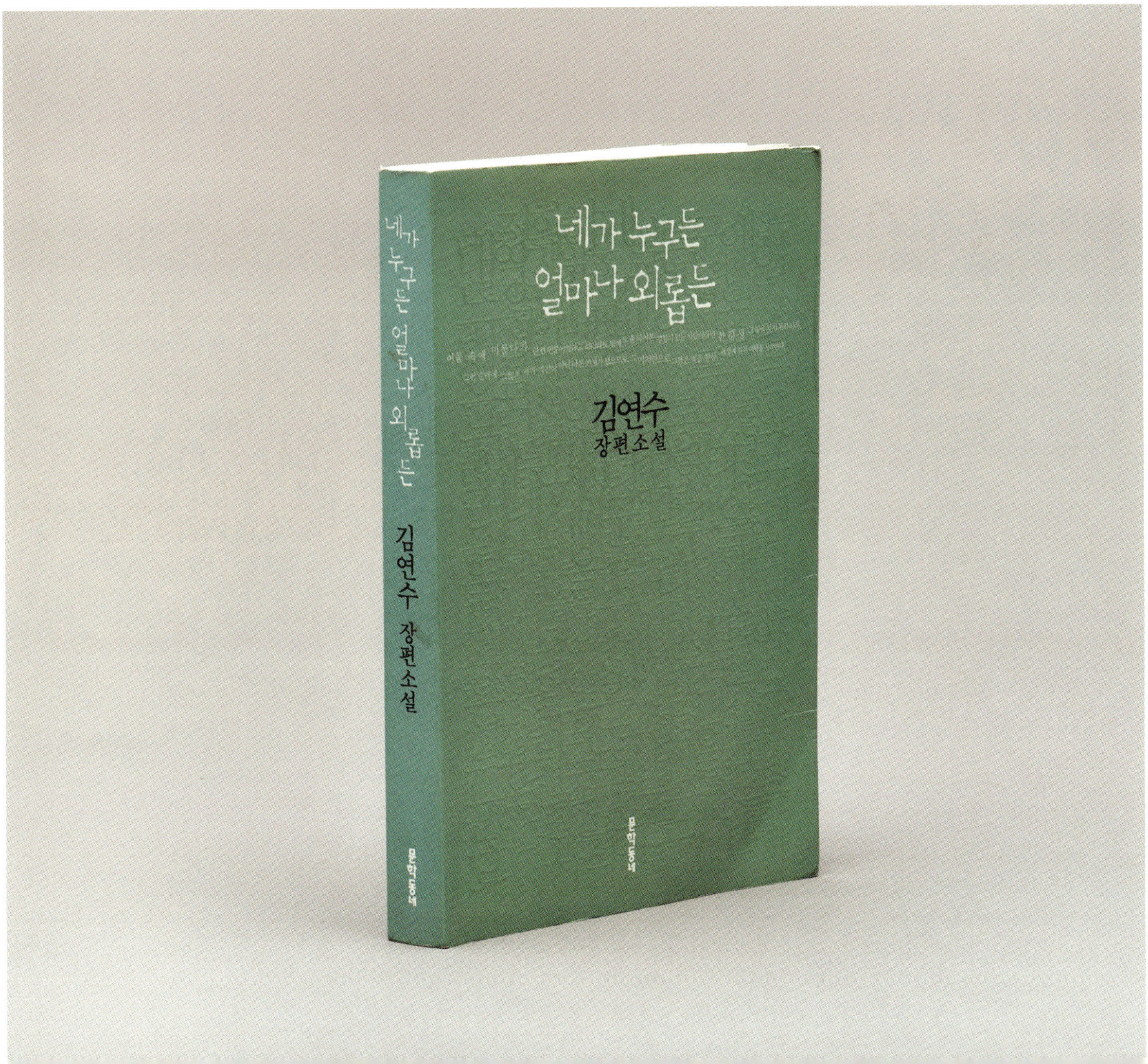

만드는 사람들
의 사회적 기대를 향상시켰다. 당시
서 더 나아가 주제별 책의 종류와
니라 독자에게 좋은 책을 추천하는
라는 별칭이 있기도 했다. 각 분야의
이는 곳에 진열하여 판매량이 높아
서 매년 자체 집계하는 베스트셀러
베스트셀러 코너
1993년 / 이철지
e Best-sellers
Book Center heightened social
hop staff. At that time, women
d the role of mere sales agents;
uding categories by subject and
ers, earning them the nickname
s selected by staff by field were
es, leading to higher sales and
ore's annual bestseller list.
박봉이지만 직원 복지는 최고
종로서적은 직원 복지도 수준급이었다. 구내식당은 무료인데도
종로거리에서 최고의 맛을 자랑했고, 사원들이 자발적으로 사우회를
조직하자 회사는 축구반, 탁구반, 기타반, 합창반, 무용반 등
취미활동을 전액 지원했다. 사원들의 교육 또한 철저했다.
강만길, 김동길, 한완상, 황필호 교수 등 저명인사를 초청해
당시 사회적으로 민감한 이슈를 주제로 정기적인 특강을 열었다.
봄가을에는 전 직원이 체육대회와 나들이를 통해 종로인으로서의
결속력을 다지곤 했다. 요즘에야 대수롭지 않은 일이지만
80년 초에는 결코 쉽지 않은 경영방침이었다.
김영수, 〈종로서적 추억 속으로 저물다〉, 〈주간동아〉 2004년 10월 13일
종로대학을 다니는 서점인의 자부심
종로서적이라는 곳이 그때 당시에 인지도가 좋았거든요. 많은 사
여기 합격하면 내가 좀 인정받는 사람이구나라는 어떤 자부심을
전 종로서적 직원, 이숙경
유니폼을 입고 영업 준비하는 여직원들
1980년대 말 / 이철지
책은 내친구
종로서적 안에서 찍은 직원들 모습
1990년대 / 장문희

독학으로 POP전문가
POP(point of purchase)라는 게 상품 판매를 위한 안내 홍보물이죠.
항상 아침마다 매장을 둘러보면서
'어디에 뭐가 필요한가, 어떻게 꾸며야 눈에 더 잘 들어올까' 생각을 해요.
그 당시엔 POP학원도 없었어요. 가까운 명동에 있는 백화점이나
패션 매장 같은 곳 가서 그걸 눈으로 직접 보고 배워 오는 거죠.
전 종로서적 직원, 김소진
안내
무슨 책을 찾으십니까?
참고서문제집
학습참고서 문제집
김소진님의 POP작품 사진
압도적인 면접 경쟁률
제가 81년도 10월 입사한 때가 인원을 30명 뽑았는데
1,500명이 왔어요. 그래서 종로서적 일대가 완전 마비가 된 거지.
사람들이 건물을 몇 겹씩 돌아 줄을 서가지고.
면접장에 보통 (지원자) 7-8명 정도씩 들어갔던 것 같아요.
면접이 한 3차까지 있었는데 하루에 다 못 봤어요.
전 종로서적 직원, 신영욱
남녀社員募集
종로서적주식회사
남녀사원모집 광고
(조선일보) 1978년 11월 19일
좀 박했어요. … 그런데 종로서적에 대한 인식이 좋았어요.
항상 음악이 은은하게 나오고, 예쁜 유니폼을 입고,
. 고급스러워 보이는 책방에서 근무한다는 게 좋아 보였어요.
직원, 조명자

독자에서 서점인으로,
서점인에서 출판인으로
종로서적은 '한국의 독서문화와 출판문화를 섬깁니다'를 회사의 주요 이념으로 하고 있는 만큼 좋은 책을 출판하고 좋은 책을 독서인들에게 알리는 것에 많은 노력을 기울였다. 이러한 사내 분위기는 입사하기 전부터 종로서적의 독자였던 직원들의 진로에도 큰 영향을 미쳤다.
From Readers to Bookshop Staff,
From Bookshop Staff to Publishers
As it inscribed "We serve Korea's reading and publishing culture" in its corporate philosophy, Chongno Book Center put considerable effort into publishing and introducing refined books to readers. Such working atmosphere of Chongno Book Center influenced career of its staff, who themselves had been its customers.
노량진에서 초등학교를 졸업하고 중동 중·고등학교(당시 종로구 수송동 소재)를 다녔는데,
그때 당시 전차역이 종각역이었는데, 내리면 종로서적센터가 바로 보였죠.
그때부터 종로서적의 독자가 됐어요. 나는 책을 너무 좋아해서 당시 최고의 서점인 종로서적에 들어간 거예요
이후는 자연스럽게 출판사 방향으로 연결된 거고.
전 종로서적 직원 · 성현 출판사 사장, 조유성
종로서적에서 내 젊은 날 가장 청춘인 시기 10년을 거기서 보냈죠.
그리고 퇴사한 다음에도 내가 책으로 한평생 살아오게 됐고.
전 종로서적 직원 · 오롬이돌 출판사 사장, 김상녕
출판부 사무실에서 일하는 직원들
1980년대 / 이철지
출판부 사무실
1980년대 / 이철지

1977
종로서적 출판
철학, 시, 문학 이런 쪽으로 많이 기획을 했어요.
명시 시리즈가 진짜 많이 나갔었죠.
전 종로서적 직원, 최석준
제가 어릴 때부터 삐삐를 굉장히 좋아했었어요.
국민학생 때 엄마랑 같이
종로서적에 가서 샀던 추억이 담긴 책이죠.
종로서적 학생 독자, 박민아
'사보'에서 '독서저널'로, 《종로서적》
좋은 독서를 위한 좋은 책을 만듭니다

만남의 장소
1층 입구에 그 잡지 팔던 데 있잖아요. 그 앞에 그냥 사람이 맨날 꽉 차 있어.
꽉 차 있는 이유가 뭐냐 하면 거기서 사람을 기다리고 있는 거야.
'시내에서 만나자'하면 종로서적 1층 입구인거죠.
그런데 거기가 굉장히 좁고 사람이 많으니, 기다리기가 힘들거나 지루하면
1층 메모판에다가 '00야, 나 4층 00코너에서 기다리고 있을게.'라고
메모지에 써서 압정으로 꽂아놓고 가요.
잡지 코너에 가서 메모지를 달라고 하면 주거든요.
그럼 그 종이에 적어서 메모판에다가 붙이는 거죠.
메모판은 그렇게 크지는 않았고, 엘리베이터 옆에 계단 올라가기 전에
오른쪽에 있었어요. 주로 학생들, 젊은 직장인들이 많이 썼죠.
종로서적 서문 잡지코너 입구
1990년 / 이철지
종로서적
소년中央
소년중앙
料理
중소기업정보
대중가요

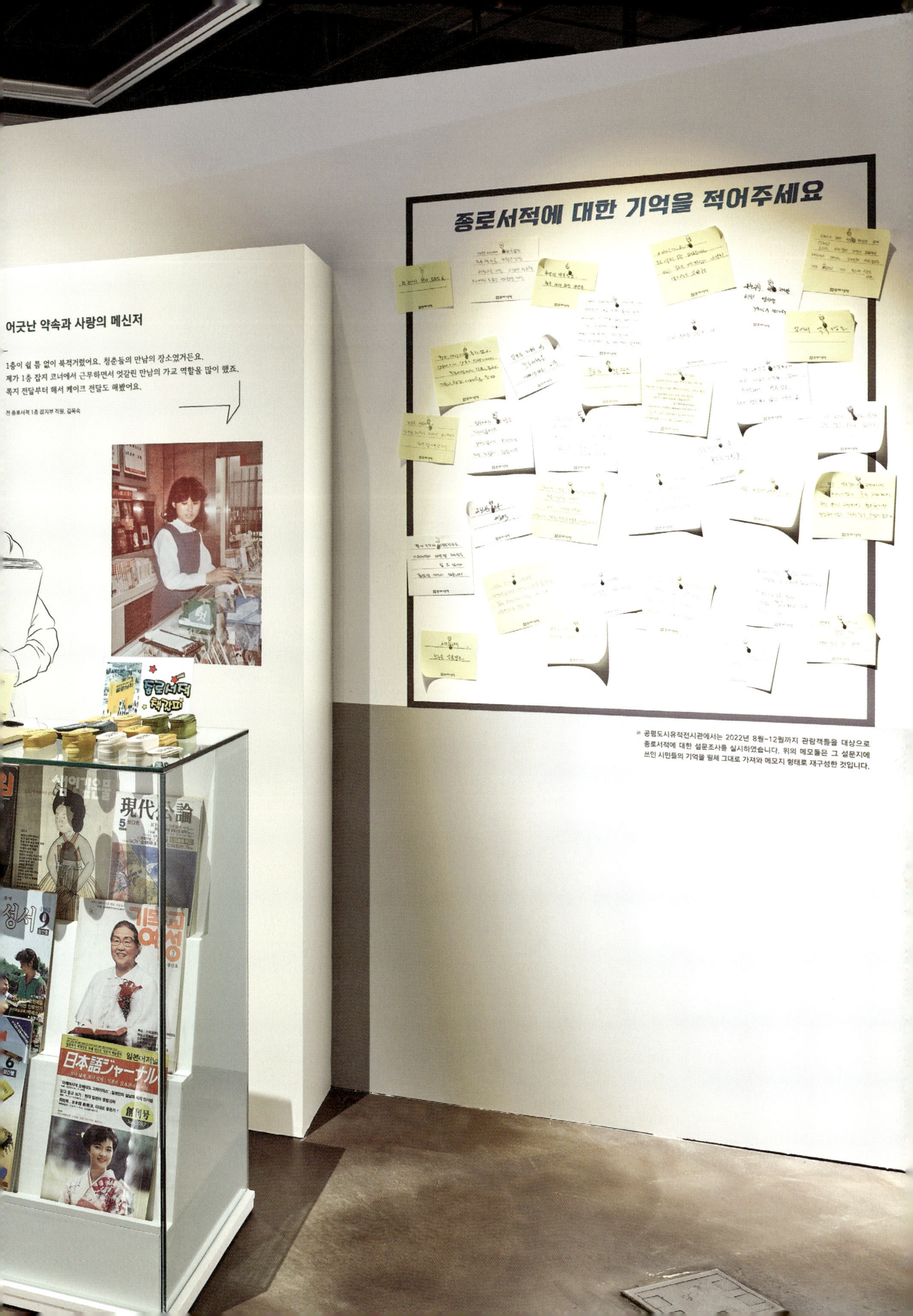
어긋난 약속과 사랑의 메신저
1층이 쉴 틈 없이 북적거렸어요. 청춘들의 만남의 장소였거든요.
제가 1층 잡지 코너에서 근무하면서 엇갈린 만남의 가교 역할을 많이 했죠.
쪽지 전달부터 해서 케이크 전달도 해봤어요.
전 종로서적 1층 잡지부 직원, 김옥숙
종로서적에 대한 기억을 적어주세요
※ 공평도시유적전시관에서는 2022년 8월~12월까지 관람객들을 대상으로
종로서적에 대한 설문조사를 실시하였습니다. 위의 메모들은 그 설문지에
쓰인 시민들의 기억을 필체 그대로 가져와 메모지 형태로 재구성한 것입니다.
現代公論
日本語ジャーナル

종로서적에서 만나 젊음의 거리로
… 이 시간에 젊은이들이 가장 많이 몰리는 곳은 종로서적센터 1층, 코아빌딩 앞, 제일은행 종로지점 앞 등.
종로서적은 1층이 대학생들의 약속 장소로 애용되자 1층 18평 가운데 8평 정도를 차지하던
잡지·아동서적매장을 없애버리고 약속을 하고 기다리는 사람을 위해 메모판을 달아주었고,
코아빌딩도 1층 다방 앞길에 벤치를 마련해 주었다. …
〈젊은이의 새 거리 관철동〉, 〈조선일보〉 1983년 2월 23일
일간스포츠
'20년 변함없는 청춘행진'
광화문
동대문
연일 수만명 약속장소 '명성'
모두와다방

관철동, 젊음의 거리
젊은이 지대를 말할 때 빠놓을 수 없는 곳이 서울 종로2가 종로서적 뒤편 관철동 일대다.
60년대 중반부터 일찌감치 젊은이들의 사랑을 모아온 '젊은이의 거리' 원조격으로 70, 80년대 시간의 벽을 뛰어넘어
20여 년이 훨씬 지난 오늘날까지도 여전히 학생, 직장인 등 젊은이들의 인기를 누리고 있는 곳이다. …
종로에서 가장 찾기 쉬운 장소로 YMCA 건물과 함께 쌍벽을 이루는 종로서적 건물 정문 쪽에는
서로 약속한 친구를 기다리는 젊은이들로 출입문을 마음대로 드나들기가 힘들다.
〈20년 변함없는 청춘행진〉, 《일간스포츠》 1992년 11월 26일
YOUNG STREET
코아아트

계산 하는곳
CASHIER
계산 하는곳
CASHIER
民 法
民事訴訟法
國民倫理
文化史
國語

논고

Article

종로서적과 한국 서점 문화사

천정환 (성균관대학교 국어국문학과)

종로서적과 한국 서점 문화사

천정환 (성균관대학교 국어국문학과)

근대 서점의 시작

자본주의 근대화와 함께 새로운 서점의 역사가 시작되었다. 인구 증가와 도시화, 그리고 국제적 인구 이동과 문화교류가 근대 서점 발달의 주요한 요인이었다. 현대의 서점문화는 곧 근대 도시의 일상문화의 일부다. 한국에서도 서울, 평양, 대구, 부산, 대전, 광주 등 주요 도시의 새로운 발달과 함께 서점들이 생겨나고 발달해갔다.[1] 20세기 전반기의 이 서점들 중에는 일본인이 경영한 서점들도 많았고,[2] 외국 서적을 전문적으로 취급하는 서점들도 있었다.

전통시대에도 물론 서적상이 존재했으나, 검열과 사상탄압이 심하고 문해 인구가 적었으며 국가가 강한 출판 통제를 했던 조선에서 본격적인 의미의 서점은 19세기 이후에야 등장한 것으로 보인다. 사람이 책을 지고 다니면서 제한된 수요층을 직접 찾아다닌 서쾌 같은 서적상과 달리 현대의 서점은, 책 읽기를 일상사로 삼을 수 있는 문해력과 구매력을 가진 대중과 독서층을 필요로 한다. 그래야 공간 임대료와 시설비를 감당할 수 있을 것이다.

종로서적은 20세기 한국 서점사를 대표하는 서점이다. "개화기의 문서-출판 운동의 고장이었고 민족 경제의 본산지이기도 했던"[3] 서울 종로의 '책전 거리'에서, 종로서적은 가장 크고 한국 출판계의 중심에 있던 서점기업이었다. 특히 1960~90년에 이르는 시기에 종로서적이 전국적으로 유명한 서점이었기 때문에, 종로서적은 그 시대에 '독서인' '교양인'으로 성장한 많은 사람들의 기억에 지금도 아로새겨져 있다. 그런 기억을 가진 이는 단지 서울시민들만은 아니다.

종로서적의 역사는 '예수교서회'가 1907년 종로2가에 서점을 열면서 시작된 것으로 간주되기도 한다. 그러나 1948년 장하구·장하린 형제가 기독교서회 1층 교문서관 자리를 맡아서 낸 '종로서관'이 종로서

1. 다음 연구들을 참고. 이중연, 『고서점의 문화사』, 혜안, 2007; 이두영·신종락, 『서울의 책방, 빛나는 도전의 역사 : 서울시 책방의 역사 기초자료집』, 서울도서관, 2016; 임상민·이경규, 「식민도시 부산의 서점 연구 : 1910년대《부산일보》의 서점 광고란을 중심으로」, 『동북아문화연구』 46집, 2016.10; 강성호, 『서점의 시대 - 지성과 문화가 피어난 곳, 그 역사를 읽다』, 나무연필, 2022.

2. 沖田信悦, 『植民地時代の古本屋たち』, 寿郎社, 2008 등 참조.

3. 'YMCA 총무'로 유명했던 전택부의 발언이다. 김상배·이병인·전택부·조선출·장하구·장하린, 〈좌담 : 종로서적을 말한다〉, 계간《종로서적》 제11호, 1981. 9.

적의 본격적인 시작이었다. 종로통의 같은 자리에서 기독교계 인맥의 지원을 받아 개점하고 기독교 서적을 취급하는 것을 중요한 과업으로 삼았기 때문에, 종로서적의 과거 경영진이 1907년을 기점으로 주장한 것도 일리는 있다.

서점과 장소성

서점은 책이라는 특별한 상품의 사고팔기가 일어나는 공간이며, 책 사고팔기는 적극적이고 능동적인 문화적 실천인 책 읽기 중의 일부다. 그런 행위가 상호작용을 통해 일어나는 장소가 서점이다. 다시 말해 독자의 책과 서점에 대한 인식과 서점에서의 모든 행동, 즉 책을 고르고, 서점주나 판매원을 대하며, 책을 사고 지불하는 일은 독서문화의 결정적인 부분이다. 서점에서는 책을 매개로 서점주 또는 직원과 고객(독자) 사이에서 접촉과 상호작용이 일어난다. 독자와 독자 사이, 또한 출판사와 독자, 작가와 독자 사이에서의 간접적 상호작용도 서점에서 벌어진다. 그래서 그들이 서로 무엇을 가지고 어떻게 대화하고 거래했는지, 또 그런 공간이 어디에 어떻게 자리를 잡고 책을 어떻게 진열하고 배열했는지 하는 점은 매우 중요하다. 그래서 서점은 '장소'로서의 의미(즉 장소성)를 지닌 공간이 된다.

서점의 고객은 '소비자'나 '손님'보다는 '독자'로 지칭되는데, 이는 서점의 고객이 갖는 '독자(readership)' 또는 '문화수용자(audience)'로서의 존재성을 상징한다는 것을 의미한다. 아래는 종로서적이 내던 사보이자 서평지인 계간 《종로서적》에 1980년 서울 성북구 장위동에 살던 한 단골 고객이 보내온 글이다. "독서인"을 자처한 그는 자칭 "세계 4위"의 서점 종로서적에서 책과 함께하는 기쁨과 감사를 아래와 같이 잘 말해준다. 그러면서 동시에 요즘 뭔가 "서비스"가 아쉽다는 표현도 서슴지 않는다.

"세계 제4위의 책방이라 자칭하고, 모든 독서인들이 사랑하고 아낌없는 후원을 주관하는 종로서적의 단골손님이 된 지도 꽤 오래인 듯싶다. 새로움과 기쁨을 만끽케 하고, 양식을 쌓게 하고, 지혜로움을 심어주어 뜻있게 현실을 살아가게 하는 종로서적에 대해 심심한 감사의 말씀을 드린다. 그러나, 내가 관찰하기로는, 여러 가지 이유에서겠지만 요즘 서비스 부족이 눈에 띄는 거 같다."
- 박OO(성북구 장위동), 〈아쉬운 마음〉, 《종로서적》 9호, 1980년 9월호

저런 적극적인 종로서적의 '고객-독자'가 서울에만 국한된 것은 아니었다. 전남 나주에 사는 한 독자는 서울에 볼일 보러 왔다가 "말로만 듣던 종로서적을 일부러 찾아가" 보고 놀란다.

"얼마 전 서울에 갈 기회가 있어 말로만 듣던 종로서적을 일부러 찾아가 봤다. 질서 정연하게 꽂힌 책들이며 깨끗한 옷차림의 여사원, 갖가지 안내문과 공들인 각종 설비에 나는 그만 놀라고 말았다. 과연 우리나라 최고의 서점답구나 하고 고개를 주억거리지 않을 수 없었다. 그 가운데서도 무엇보다도 이것저것 묻는 내 질문에 친절하면서도 자상하게 대답해 주는 여사원의 태도가 나를 크게 감복시켰다. 또, 종로서적 특유의 포장지에 책을 싸주는 배려에 그저 입이 벌어질 따름이었다. / 더욱이 종로서적 출판부에서 펴낸 『한글 바로 띄어쓰기』 같은 책을 대했을 때 바로 이거구나 하는 느낌이 들었다. 그와 비슷한 책을 나는 이제껏 보지 못했던 것이다."
- 송OO(전남 나주군), 〈내가 서울 가서 본 종로서적〉, 《종로서적》 12호, 1981년 6월호

그가 놀란 이유는 종로서적 여직원의 유니폼과 친절한 안내, 책 포장지, 설비 등 지역 서점보다 앞서 있는 세련되고 다양한 서비스, 그리고 종로서적이 직접 펴낸 책 때문이다. 이들 요소 하나하나는 실제로 종로서적이 "우리나라 최고의 서점"이 되게 한 결정적 요소들이었다. 그리고 그 때문에 1960~90년대에 걸쳐 많은 이들이 '좋은 기억'이나 '지적 추억'을 종로서적에 대해 갖게 되었다.
그리고 종로서적이 가진 '장소성'의 가장 중요한 점은 서울 한복판의 유서 깊은 종로통 상점가 가운데에 있었다는 사실이다. 관철동, 관훈동을 중심으로 하면서 북쪽으로는 안국동, 서쪽으로는 광화문, 남쪽으로는 명동에 닿는 이 거리에는 19세기부터 1990년대까지 한국의 가장 중요한 출판사와 서점들이 자리 잡고 있었다. 그리고 종로는 1970년대 서울 지하철 1호선의 개통 이후 서울의 중심지로서 또 다른 의미를 갖게 되었다. 종로서적은 거기서 친구와의 만남과 취미활동, 데이트, 공부 그리고 '민주화' 시위를 위해 종로로 나온 젊은 청년 대학생과 노동자들의 공간으로서 확고히 자리매김한다. 이런 이유로 종로서적은 20세기 한국 서점문화사에서 대표적인 장소가 되고 많은 시민들에게 강렬하고도 비슷한 기억을 남긴 상징적인 브랜드가 되었다.

독서문화 창달을 위한 종로서적의 노력

책을 쓰고, 만들고, 유통하고, 보관한다는 것은 문화의 총체적 역량이 결합해서 가능한 일이다. 어떤 책이 어디서 얼마나 팔려나가고 누가 그것을 사서 읽었는가 하는 것은 당연히 지식사 또는 지성사의 문제이다. 근대 이후 한국에서는 많은 문인·지식인들이 서점업에 직접 뛰어들었으며, 처음부터 출판사가 서점을 겸업하거나 서점이 출판업을 겸한 경우도 상당히 많았다. 회동서관·박문서관·한남서림 같은 근대 초기의 대표적인 서점들은 물론,[4] 종로서적도 상당히 큰 규모의 출판부를 운영하고 책 출간을 자신의 사명 중 하나로 삼았다. 종로서적은 장하구·장하린 형제가 독어(獨語)와 음악 등의 교재를 직접 쓰고 출판하면서 사세를 키운 경우인데, 특히 1970~90년대에 종로서적은 철학과 기독교를 위시한 분야에서

4. 이종국, 「개화기 출판 활동의 한 징험-회동서관의 출판문화사적 의의를 중심으로」, 『한국출판학연구』 49, 2005, 215-252면.

중요한 단행본을 많이 낸 좋은 출판사였다. 종로서적에 입사해서 이후에 전문경영인이 된 이철지 사장(1990~98년 재임)도 출판부 출신이었다.

종로서적은 "1. 우리는 책을 통하여 나라의 교육과 문화에 이바지함을 기뻐하며 감사한다. 2. 우리는 책을 사랑하시는 모든 손님을 정성을 다하여 섬긴다. 3. 우리는 서로 돕고 사랑하여 화목한 일터를 만든다."를 사시(社是)로 삼았다. 종로서적의 설립자이자 경영자였던 장하구·장하린 형제는 간도 용정에서 나고 자란 기독교 민족주의자의 지향을 갖고 있었다. 이들은 해방기에 북한 정권의 수립 과정을 경험하고 남하하여 서울에 자리를 잡고 책 출판과 유통 사업을 열었다.
일제강점기 때부터 책 유통 사업을 경험했던 동생 장하린이 1948년 기독교 인맥에 힘입어 종로서관을 열고, 1963년 '종로서적센터'로 확장 개편할 때 형 장하구가 본격적으로 경영에 뛰어들었다. 장하구는 서울대를 나온 학자 출신으로서 문동환·안병무 등의 신학자와 친우이자 개신교 활동가 네트워크의 인물이었다. 이와 같은 형제의 면모는 종로서적의 경영에 반영돼 있었던 바, 그들은 서점 경영이 '민족 문화 사업'이라는 사명감을 갖고 있었다.
그러니까 단지 종로서적이 세련되고 큰 서점이었기 때문에 시민들의 기억에 새겨지고 한국을 대표하는 서점이 된 것이 아니다. 종로서적은 한국의 독서문화·출판문화를 발전시키기 위한 다양한 노력을 했다. 그중 우선 출판부를 운영하면서 좋은 단행본을 낸 사실과 사보 겸 서평지였던 계간《종로서적》(1997년부터 월간)을 발행한 일을 첫 손에 꼽을 수 있겠다. 종로서적 출판부는 1973년 황금찬의 시집을 낸 것을 필두로 인문학, 문학, 사회과학 등에 이르는 다양한 책을 냈다. 특히 철학과 신학 분야에서 우수한 책이 많이 나왔는데 키에르케고르, 야스퍼스, 베르그송, 하버마스 등의 책이 1970년대 말 1980년대 초에 종로서적 출판부에서 번역됐다. 또한 한완상, 이오덕, 윤구병, 이현주, 문동환 등 당시의 젊고 진보적인 지식인·작가들의 책이 종로서적에서 나왔다.
계간《종로서적》은 사보이자 서평지로서, 당대를 대표하는 다양한 지식인·연구자 등으로 구성된 필진이 다양한 책에 대한 수준 있는 서평을 게재했으며, 무료로 배포되어 독자들과의 열린 소통 공간 구실을 하였다. 여기에는 종로서적을 자신의 책과 독서에 대한 욕구를 실현하는 무대로 삼았던 전국 독자들의 생생한 목소리가 담겨있다. 그래서 계간《종로서적》은 전국의 여러 서점들이 낸 책 소식지나 서평지의 모델이 되었다.

서점 마케팅과 서비스 노동

종로서적의 독서문화 창달을 위한 노력은 자연스럽게 고객들을 향한 마케팅과 자연스럽게 연결되었다. 종로서적은 서점 공간과 서비스 노동을 활용하여 다음과 같은 다양한 마케팅을 했다. 이 중에는 다른 작은 서점들이나 기존의 서점들이 하지 않았거나 할 수 없었던 서비스가 많았기에, 종로서적은 선도기업으로서의 지위를 가질 수 있었다.

- 주제별·층별 새로운 도서 분류
- 대규모 외국도서의 주문 및 판매

- 현대화된 (여)점원 서비스
- 베스트셀러 및 종합도서목록 발간
- 우편 판매와 전화 도서 안내
- 시의에 맞는 주제 기획전
- 지방(대학)과 연계한 외국도서 전시, 특설 판매
- 매장 음악 방송, 책 포장지
- 작가와의 대화 및 명사 초청 강연, 팬 사인회, 문학기행

앞에서도 말했지만 서점은 책이라는 상품의 진열과 배열, 그리고 책을 매개로 한 판매자와 고객의 상호 작용이 중요한 공간이다. 이 공간에서 어떤 서점주들과 고객들은 특별한 관계를 형성할 수 있으며, 서점의 노동자 또한 책을 찾거나 골라주고 책에 대해 이야기하는 과정에서 고객과 교감하거나 특별한 관계를 맺을 수 있다.

"우리나라 서점으론 처음으로 일선 점원에 고등학교를 졸업한 예쁜 아가씨들을 쓰기로 하고 개점 시간이 길으니만큼 2부 교대로 근무하도록"[5] 했다는 장하구의 회고 등에서 알 수 있듯, 유니폼을 입은 종로서점의 여성 노동자와 그들의 고객 응대 방식은, 서점기업으로서의 종로서적이 가진 새롭고도 가장 중요한 특징 중 하나였다. 단골손님과 결혼에까지 이르렀다는 종로서적 여성 노동자들의 실화들은 이 같은 양상과 함께 당시 사회에서의 여성노동의 실상을 알 수 있게 한다.

종로서적의 노동자들은 체계적이고 의식적인 서점 관리 및 고객 응대 교육을 받았을 뿐 아니라, 일반 교양교육도 받았다. 종로서적은 그래서 '종로 대학'이나 '서점 인재 사관학교'로 불리기도 했으며, 종로서적 출신 사원들은 교보문고나 영풍문고 같은 대형서점은 물론 다른 후발 서점의 경영자나 사원이 된 경우도 많았다. 봄·가을의 전 사원 야유회와 체육대회, 꽃꽂이·축구·연극·영어회화 등에 걸친 다양한 동호회 활동은 종로서적의 '사원 복지'로도 유명한 것이었다.[6] 그 같은 노사관계는 1987년 한국 사회 전반의 민주화 바람과 종로서적 노동조합 결성 이후에는 달라졌다.

종로서적에 대한 시민들의 '집단기억'과 유산

이처럼 종로서적은 꽤 긴 세월 동안 대표적인 서점이었기에 많은 시민들의 기억 속에 지금도 남아있다. 한국의 대표적인 작가와 지식인들도 자신의 글에 종로서적 관련 추억이나 에피소드를 많이 남겨두었다. 예컨대 1948년에 설립된 종로서관을 기억하는 박완서(1931년생)로부터 1960년대 종로서적이 '민족 청년'을 길렀다고 쓴 안경환(1948년생), 1970년대의 종로서적에서 온갖 서적을 섭렵했다는 고종석(1959년생), 1980년대 시대의 아픔을 앓던 청년들의 종로를 재현한 강석경(1951년생), 1990년대 종로

5. 장하구, 〈마전에서 역삼까지〉, 《종로서적》, 1979, 163면.

6. 김영수, 〈'종로서적' 추억 속으로 저물다〉, 《주간동아》, 2004.10.13.

서적의 풍경을 그린 신경숙(1963년생)과 김연수(1970년생) 등을 보면 종로서적이 소위 '산업화 세대'와 '민주화 세대' 양쪽 다에 걸친 지성과 문학의 배양 공간이었음을 확연히 알 수 있다.

2002년 6월, 이 같은 종로서적이 문을 닫아 많은 사람들에게 충격을 주었다. 돌아보면 한국의 서점업은 늘 영세성과 유통체계의 혼란 때문에 고통을 겪고 부침도 심했던 듯하다. 가격 문제와 관련하여 늘 할인제와 공급률 때문에 혼란과 갈등을 겪었다. 그런 동시에 한국의 서점업은 자본주의의 일반적 경향인 독점화·과점화의 방향으로 발전해왔다. 흔히 1980년 보험 금융 재벌인 교보생명의 서점업 진출이 그 같은 독점화·과점화의 큰 계기가 된 것으로 알려져 있다. 실제로 교보문고는 설립 때부터 서울과 지방의 중소 서점들과 10년 이상 갈등을 겪었다. 교보문고의 설립 이후 서울에는 1986년 400평 규모의 신촌문고, 1987년 250평의 한가람문고, 1988년 250평의 뉴코아문고, 300평의 서울문고, 250평의 영등포서적, 300평의 세종문고 등이 생겨났다. 이처럼 대형화가 진행된 결과 경쟁이 치열해지고 중소형 서점의 몰락이 이어졌다. 종로 일대와 그 주변은 20세기 한국 출판·서점문화 중심지로서 작은 서점이 많이 있었지만, 지금은 교보문고, 영풍문고 같은 대형서점과 청계천의 헌책방과 작은 서점 몇 군데만 남았다. 2002년 종로서적의 폐점은 이러한 경향을 가장 극적인 것처럼 보이게 했다. 그런데 사실 종로서적은 오히려 1960~90년대 서울의 대표적인 서점이 되는 과정에서 서점가의 대형화를 선도하기도 했었다.[7] 종로서적의 폐점은 한국 자본주의의 전개 과정과 서점업의 고유한 모순이 배경으로 작용하고, 여러 가지 경영상의 문제로 인한 것이었다.

이런 역사와 사정들 때문인지 종로서적은 2002년 6월의 폐점 이후에도 많은 '말'과 기억을 남겼다. 종로서적의 부활 또는 복원을 시도하려는 노력도 상당히 진지하게 시도되었다. 그 부재의 의미가 뒤늦게 종로서적의 고객-독자였던 많은 시민들에게 너무나 아쉽고도 아프게 다가왔기 때문일 것이다.

---

7. 예컨대 다음을 참조. 〈책방 사라지는 세태 서글퍼요 - 종로 마지막 소형서점 「삼일」주인 金暎琛씨 대담 林然哲 문화부장〉 《동아일보》, 1995.9.3.

종로서적

우리가 만나던 그곳

CHONGNO BOOK CENTER:
Where We Used to Hang Out

발행인

김용석 서울역사박물관장

발행일

2023년 8월

발행처

공평도시유적전시관
서울시 종로구 우정국로 26, 센트로폴리스 지하 1층
T 02 724 0135
http://museum.seoul.go.kr

행정간행물 등록번호 51-6110569-000348-01
ISBN 979-11-90480-81-9(03910)

값 17,000원

03910

9 791190 480819
ISBN 979-11-90480-81-9